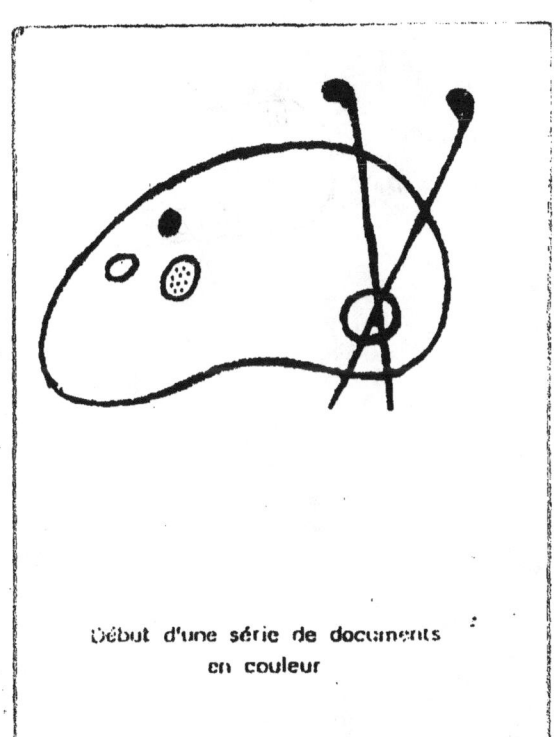

Début d'une série de documents en couleur

COUVERTURES SUPERIEURE ET INFERIEURE D'IMPRIMEUR

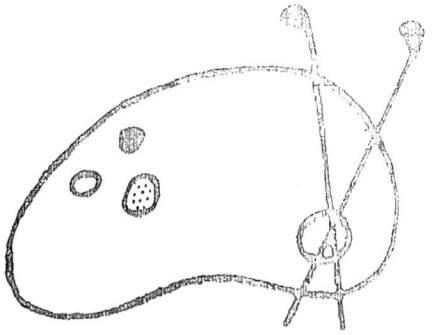

Fin d'une série de documents en couleur

LA
MAIN QUI SE CACHE

BEAUGENCY. — IMP. LAFFRAY.

LA MAIN
QUI
SE CACHE

PAR

RAOUL DE NAVERY

NOUVELLE ÉDITION

LIBRAIRIE BLÉRIOT
HENRI GAUTIER, Successeur
55, QUAI DES GRANDS-AUGUSTINS, 55
PARIS

LA MAIN
QUI SE CACHE

I

Le batelier.

Un jeune homme, âgé d'environ vingt ans, et portant avec aisance un costume de matelot, descendait un dimanche vers le port de Marseille, par une belle matinée de printemps. Il paraissait triste, et, loin d'aspirer la brise à pleins poumons et de jouir du repos nécessaire à celui qui travaille pendant toute la semaine, il marchait le front penché et l'esprit rempli d'une préoccupation douloureuse.

Quand il se trouva en face de l'endroit où stationnaient les bateliers proches de leurs barques, il jeta un regard sur un bateau peint en gris décoré de bandes vertes, et portant ce nom : *l'Espérance ;* puis il se croisa les bras, attendant comme les autres mariniers.

Ceux-ci ne tardèrent pas à le remarquer et à s'inquiéter. Le jeune homme avait bien la chemise de flanelle à col bleu rabbattu, le chapeau ciré à rubans flottants ; mais on ne le connaissait point pour un batelier de profession. Son teint blanc et mat, ses mains fines annonçaient d'autres habitudes que celle du maniement de la rame.

Après s'être étonnés, les matelots se consultèrent.

Le jeune homme possédait sans nul doute un canot, et se mettait à la disposition des promeneurs. Or, s'il n'était pas réellement matelot, il allait faire tort aux mariniers en leur enlevant une ou plusieurs pratiques.

Bien que, légalement, chacun eût le droit d'acheter

une barque et d'en tirer profit, les matelots de la Cannebière ne permettaient point qu'on empiétât sur leurs coutumes. Chaque fois qu'on l'avait tenté, on s'en était repenti. Le jeune homme qui prétendait rivaliser avec eux ignorait sans doute les usages ; il s'agissait de le questionner, de le mettre au courant, et de lui prouver que la mer n'appartenait pas à tout le monde.

Tandis que les matelots corses et marseillais prétendaient l'empêcher de ramer sur la Méditerranée, le jeune homme, replié sur lui-même, s'absorbait dans le sentiment d'une intime douleur.

Un coup frappé sur son bras lui fit brusquement lever la tête.

Un homme à grosse tête, carré d'épaules, aux pieds de mastodonte, aux mains énormes, se posa devant lui d'une façon menaçante.

— Qui êtes-vous ? demanda le jeune homme, et que me voulez-vous ?

— Qui je suis ? Jean Marsouin ; ce que je veux ? m'informer, mon joli garçon, pourquoi tu t'es dé-

guisé ce matin, puisque nous ne sommes pas en car-
naval.

— Je porte l'habit qui me plaît, répondit le jeune
homme, et je n'accorde à personne le droit de m'a-
dresser des questions.

— Si tu ne l'accordes pas, on le prend.

— Vous ne prétendez pas, au moins, me forcer à
causer avec vous.

— A causer, non ; mais à t'expliquer.

En disant ces mots, Jean Marsouin releva jusqu'au
coude les manches de sa chemise et ferma ses gros
poings.

— Ah ça, dit le jeune homme, pourquoi me cher-
chez-vous querelle ?

— Pour une raison bien simple : tu n'es pas marin,
cela se voit de reste ; or, les marins doivent seuls promener les gens de Marseille qui ont du loisir et un
écu ; si les jeunes gens riches nous font concurrence,
nous sommes volés. Outre que tes mains de demoiselle ne feront pas faire une lieue en large dans la
demi-journée, tu gâterais le métier pour les autres.

— Je connais la loi aussi bien que vous, Jean Marsouin; s'il existe des priviléges et des maîtrises pour les marchands, on n'a point encore formé la corporation des mariniers ; et par Notre-Dame de la Garde! bien hardi celui qui tenterait de s'opposer à ma volonté.

Le jeune homme fixa un regard énergique sur Jean Marsouin, et acheva sa phrase avec une expression de défi à l'égard des autres matelots.

— Que dit-il? que dit-il? répéta le groupe en chœur.

— Il refuse de céder de bonne grâce.

— Ah! ah! firent les mariniers.

— Il affirme avoir le droit de ramer aussi bien que nous.

Les matelots se mirent à rire d'un air méprisant.

— Enfin, continua Jean Marsouin, il nous nargue et nous provoque.

— Vous m'attaquez ; je me défends.

— Beau muguet! tu te défends à coups de langue.

La colère commençait à monter au visage du jeune homme. Ses yeux lançaient des éclairs ; un tremblement nerveux agitait ses doigts. Il lui en coûtait de se contenir et de ne point s'élancer sur Marsouin pour le châtier de son insolence.

La foule, attirée par l'altercation, se groupait autour des matelots.

La contenance du jeune batelier plaidait en sa faveur. Avant de l'avoir entendu, on était prêt à lui donner raison. D'ailleurs, il semblait si frêle, si faible, à côté de Jean Marsouin, l'hercule du port, qu'on le plaignait d'avoir un si rude antagoniste.

— Tiens! dit Marsouin, tu es un garçon de la ville, couard et lâche; la place est belle et les chalands n'arrivent pas; si tu avais eu du cœur, il y a longtemps que tu aurais répondu à mes insultes. Nous rions de toi, moi et mes camarades! Et tu avales les sottises sans les punir, parce que, je te le dis, tu es bon seulement à voler une part de leurs profits aux matelots de la Cannebière.

— Vous êtes tous témoins que cet homme m'a traité de lâche! demanda le jeune homme en promenant autour de lui un regard enflammé. J'ai fait assez d'efforts pour contenir ma colère. Je pensais à d'autres qu'à moi... Mais si je veux garder le droit d'avoir un bateau sur la mer aussi bien que vous, ce droit, je saurai le défendre. Que le plus hardi s'approche donc, s'il ose.

— Tu n'attendras point, dit Marsouin en fondant sur le jeune homme avec un bond de tigre.

— Tu es le plus insolent, tu n'es peut-être pas le plus brave!

— Hardi pour Marsouin! tapez ferme! crièrent les matelots.

Une lutte terrible et disproportionnée commença.

Nous avons dit que Marsouin était d'une force herculéenne. Son poing avait l'effrayante lourdeur d'un marteau d'enclume.

Son adversaire était souple, mince, de formes frêles. Il semblait que d'un seul coup Marsouin dût l'assommer.

Comprenant sa faiblesse relative, le jeune homme n'essaya point de lutter de vigueur musculaire. Il avait pour lui une grande souplesse, une agilité merveilleuse. Il fatiguait Marsouin par ses feintes passes. Quand celui-ci croyait le saisir, il frappait dans le vide. La colère l'aveuglait. Les veines de son cou de taureau se gonflaient ; les yeux sortaient de l'orbite. Une fois cependant, il saisit le jeune homme entre ses bras et le pressa sur sa poitrine de façon à faire craquer ses os ; mais deux mains agiles le prirent à la gorge, ses bras se détendirent ; il râlait. En même temps, par un mouvement rapide, une des jambes du jeune homme attira brusquement la sienne ; il trébucha et tomba, entraînant son ennemi dans sa chute.

Un grand cri s'éleva dans la foule. On faisait des vœux pour le plus jeune des lutteurs. Celui-ci avait au front une blessure dont le sang sortait avec abondance. Marsouin, toujours comprimé par des doigts de fer, s'agitait en soubresauts douloureux. Son ennemi, ne voulant que lui donner une correction, s'approchait lentement au bord de la mer ; ils roulaient ensemble, accolés, noués, frémissants ; tout à coup, le jeune homme lâcha le matelot, et d'un même mouvement le fit tomber à la mer.

— Bien joué ! cria la foule.

Marsouin nageait déjà.

Ivre de rage, à peine eut-il touché le bord et fut-il remonté sur le quai, qu'il voulut courir sur son adversaire ; mais celui-ci lui dit tranquillement en étanchant le sang de sa blessure :

— Je vous ai prouvé que je n'ai peur de rien, pas même d'un matelot brutal ; je vous prouverai maintenant que je n'ai aucun goût pour les querelles.

— Il a raison !

— Bien répondu.

— Ces bateliers veulent faire la loi à tout le monde !

Marsouin agita ses poings ; ses camarades le retinrent.

— Puisque tu n'as pas été adroit, lui dirent-ils, au moins ne montre pas que tu es bête. Le garçon a crânement frappé, il n'y a rien à dire.

— C'est vrai, répondit un camarade, et j'aime les garçons hardis, moi !

— Tu te ranges de son côté ?

— Par ma foi, tu ne l'as pas volé ! Regarde-le, calme comme s'il venait de prendre un verre de n'importe quoi ! S'il est aussi bon matelot que brave compagnon, j'en ferai mon ami.

— Merci, camarade, répondit le jeune homme en

s'avançant. Je comprends qu'on doit payer sa bienvenue et faire ses preuves. Si Jean Marsouin m'eût demandé poliment ce que je sais faire, je lui aurais répondu sur le même ton. Pour ramer en pleine mer il n'est pas besoin d'avoir le pied aussi marin que vous. La vigueur des bras suffit. Le promeneur ne vous demande que cela, avec un peu de politesse. Puisque les bourgeois et les gens de la ville ne semblent pas disposés maintenant à monter dans nos barques, faisons assaut de vitesse, improvisons des régates. Vous êtes quinze ! Si je n'arrive pas un des cinq premiers, je donne ma démission de batelier avant d'avoir exercé l'état.

La foule applaudit.

Le jeune homme lui devenait décidément sympathique.

— Mais la lutte vous a fatigué, dit une voix bienveillante.

— Ce n'est rien, monsieur ; merci de l'intérêt que vous me portez.

Il sauta dans sa barque l'*Espérance* et prit les rames.

— Quel est le but ? demanda Marsouin.

— Le château d'If.

Les rames retombèrent à la fois.

La flottille était en marche.

Sur le port l'animation grandissait. Chacun faisait des vœux pour le jeune marin. Personne ne le connaissait, il plaisait à tout le monde. La convenance de ses paroles, sa hardiesse, son courage, l'adresse dont maintenant il faisait preuve, tout concourait à exciter l'intérêt. On suivait d'un regard attentif les barques rivales ; quelques-unes prenaient déjà l'avance. De ce nombre ne se trouvait point la sienne. Mais tandis que Marsouin et quelques-uns de ses camarades dépensaient tout de suite leur vigueur, suaient de fatigue courbés sur les rames, le jeune homme, ménageant ses forces, ne s'inquiétait guère de prendre la tête de la flottille, il se réservait pour un meilleur moment.

Ses adversaires fatigués ralentissaient déjà leur marche ; lui gardait une égale énergie, ramait sans hâte, régulièrement, passant au milieu des barques rivales, les dépassant ; et bientôt deux seulement se trouvèrent plus rapprochées du but. Les marins qui les montaient se sentirent humiliés. Habiles rameurs tous deux, ils se jetèrent un regard, se comprirent, et, ralentissant leur course, ils attendirent que le bateau de l'étranger approchât du leur pour lui couper la route. Mais leur mouvement fut sans doute deviné ; l'*Espérance* vira légèrement, glissa ensuite à droite, tandis que les deux barques, cédant à l'impulsion donnée, se heurtaient et chaviraient en même temps. Aux cris des matelots, le jeune homme tourna la tête. Il comprit ce qui venait de se passer ; et, jetant ses rames au fond de l'*Espérance*, il allait se précipiter à la mer, quand il vit quatre mains s'accrocher au plat-bord d'une des barques. Rassuré sur la vie des marins, il continua sa marche et toucha le premier au sol rocheux sur lequel se dresse le château d'If.

Les bateaux ne tentèrent plus de le rejoindre et se tournèrent du côté du port.

L'*Espérance* recommença le trajet, s'abandonnant presque cette fois au gré de la vague et au souffle de la brise.

Un hourra général accueillit le jeune homme quand il parut sur le port.

Les marins vaincus s'approchèrent et lui tendirent la main.

Trois seulement s'obstinèrent dans leur rancune; ce furent : Jean Marsouin, puis Roch Cacatois et Luc le Vieux, ceux-là mêmes qui montaient les deux barques distancées et presque submergées proche du château d'If.

Ainsi, demanda le jeune homme, j'ai conquis mon droit de rameur ?

— Oui, oui, et bravement. Le premier qui vous insulte maintenant nous offense! Et il ne faudrait pas que Marsouin lui-même s'y frottât. Nous n'aimons pas que des fils de bourgeois, de marchands de fins ouvriers se mêlent à nous; mais quand on se bat et qu'on nage comme vous le faites, on est des marins finis! Comment vous appelez-vous?

— Justin Robert.

— Et moi Mathias Beaupré.

— Mathias Beaupré, je vous regarderai comme mon ami.

— Et vous m'honorerez, Justin Robert.

Il y eut entre le jeune homme et les matelots échange de poignées de mains, de protestations d'amitié. Rivaux deux heures auparavant, ils s'entendaient maintenant à merveille. Le peuple garde des instincts de justice, s'il a des mouvements de révolte. Les mains blanches de Robert avaient fait sourire les rudes rameurs, sa double victoire les conquit tous. Désormais il pouvait gouverner l'*Espérance,* et attendre fraternellement sur le quai les promeneurs à la bourse bien garnie.

La querelle venait de s'apaiser et la concorde régnait dans les groupes, quand le bateau de Justin Robert prit le large, emmenant une famille d'honnêtes marchands. Ils avaient été témoins de l'attaque, de la lutte, de la victoire, et tenaient à cœur de dédommager le jeune homme de sa mésaventure.

La famille se composait de maître Nicéphore Bertrand, bijoutier-orfèvre, de sa femme Agathe Pombal et de Zéline leur fille unique. Bertrand était un des riches joailliers de Marseille ; on renommait sa maison pour sa réputation ; on le citait comme un payeur intègre, un maître indulgent, un brave homme. Les parures et les pièces d'orfévrerie qui sortaient de chez lui se reconnaissaient entre toutes. Il comptait parmi ses modèles de choix, deux surtouts de table pétris de la main du Puget. De père en fils, on était joaillier dans sa famille. Nicéphore n'ayant point de garçon comptait se dédommager en mariant sa fille à un orfèvre, afin de voir continuer la dynastie des Bertrand sous l'égide de cette enseigne : *Aux bijoux de Vénus.*

Madame Bertrand, figure effacée, caractère romanesque, taille frêle, volonté obstinée, parlait, raisonnait, commandait. Son humeur tracassière tourmentait Nicéphore. Marié jeune, il dut se façonner au joug, sous peine d'avoir dans son ménage une guerre intestine. Zéline sa fille, l'objet de sa constante sollicitude, son perpétuel souci, sa joie et son culte, Zéline était une petite bourgeoise ayant de la lecture, pas mal de romanesque dans l'esprit et d'assez hautes prétentions. La fortune de son père lui semblait capable de la mener à tout, en ce qui regardait ses vues ambitieuses : car Zéline ne rêvait jamais la félicité en dehors de certaines conditions. Elle estimait l'argent, non ce qu'il est, mais ce qu'il représente. Pour elle, il restait sans valeur s'il ne parvenait point à lui procurer pour mari quelque cadet de Gascogne, possesseur d'une vieille épée et d'un blason plus ou moins antique. La boutique de son père lui pesait; le nom de son père lui semblait dur à prononcer, désagréable à entendre. Le mot mariage signifiait pour elle : alliance. Elle ne songeait point aux enfants, mais aux aïeux. Positive en cela seulement, elle effaçait, détruisait en elle toute jeunesse vive, tout sentiment généreux. Sa mère, à qui vaguement elle faisait part de ses rêves, les approuvait, trouvant bien naturel qu'une jeune personne riche comme Zéline choisît entre tous les gentilshommes de cape et d'épée. Ce dernier bon sens restait seul à Zéline; elle ne croyait point que les plus titrés et les plus opulents de la Provence ou du Cantal la demanderaient en mariage; elle attendait, patiente, qu'un pauvre garçon portant une plume éraillée à son feutre, des broderies rougies et des canons fanés, lui offrirait la liste de ses ancêtres, en échange des pistoles sonnantes de son père.

Nicéphore, avec son gros bon sens, eût raillé sans pitié l'orgueil de *mademoiselle* sa femme et de mademoiselle sa fille ; mais on se gardait bien de l'entretenir de ces rêveries généalogiques et matrimoniales. Quand un client d'aspect douteux, presque pauvre, mais relevant fièrement sous son manteau une épée en verrou, passait le seuil de la boutique de l'orfèvre, il était sûr d'obtenir le meilleur accueil. On lui montrait, avec une patience extrême, les ferets, les nœuds d'épée, les agrafes de chapeau ; on lui parlait avec courtoisie. Pendant l'entretien, Zéline observait. Ses yeux petits, mais vifs, étudiaient la physionomie de l'acheteur. Elle flairait le débiteur insolvable et le mari possible. Les premiers se trouvaient plus nombreux que les seconds. Elle atteignait sa vingt-deuxième année. Un peu d'amertume se mêlait à son sourire, son regard devenait aigu ; le dépit se faisait jour. Plusieurs de ses jeunes amies étaient mariées. Il est vrai que leurs prétentions demeuraient d'accord avec leur situation. Filles de marchands, elles avaient épousé des marchands ; la plus heureuse devint la femme d'un avocat au parlement : — c'était la robe! et la robe touchait de près à la noblesse.

Assise à l'arrière du bateau, rangeant avec des précautions mignardes les plis de sa robe de soie à ramages, secouant les engageantes de dentelles de ses manches, inclinant son ombrelle selon le plus ou moins de soleil, elle se laissait promener avec une nonchalance assez majestueuse, se comparant sans doute aux grandes dames peintes par les maîtres vénitiens, et que l'on voit assises dans des gondoles sur des coussins de velours et des tapisseries merveilleuses, laissant tremper dans l'eau le bout de leurs doigts blancs, et écoutant d'une oreille distraite les sons de la mandoline dont joue un jeune homme debout au milieu du groupe.

Nicéphore s'abandonnait franchement au plaisir de la promenade.

La brise marine lui paraissait bonne à respirer ; il se dédommageait d'avoir passé une longue semaine dans sa boutique, allant du comptoir à l'établi, dessinant un modèle, donnant un conseil à un graveur, répondant à un chaland. Son père l'avait fait marchand, il restait marchand, et comptait même bien n'avoir que des marchands dans sa famille ; mais il faisait cas de tous les gens honnêtes et respectait toutes les supériorités. — La noblesse lui paraissait une supériorité héréditaire, le talent une supériorité personnelle ; l'un menant souvent à l'autre, il les estimait également.

Mais malgré, ou plutôt à cause de ce sentiment, les mésalliances lui répugnaient ; il trouvait stupide que l'on regardât au-dessus de soi, et malavisé de descendre au-dessous. Quand Agathe et Zéline s'entretenaient devant lui des romans de l'époque, où il n'était point rare de voir des princes s'allier à des bergères, Bertrand répétait invariablement :

— Sottise ! pure sottise ! quand les filles sont assez folles pour changer en bords du Lignon une arrière-boutique, il appartient aux pères de se montrer plus sages. Zéline deviendra une honnête mère de famille, et la vue de ses enfants rajeunira ma vieillesse.

— Quelles vulgaires idées et quel vulgaire langage !

répondait Agathe. On dirait à vous entendre que vous n'aimez pas votre fille.

— Je n'aime pas ma fille ! répondait le bonhomme ! Mais je vis, je respire, je travaille pour elle ! Chaque écu sonnant, chaque louis d'or mis de côté est à son intention. Seulement j'ai le gros bon sens légué par mon père. Et en vérité vous n'agissez point sagement, ma femme, de mettre dans la tête de votre fille semblables songeries. Est-elle taillée pour être l'épouse d'un gentilhomme ? ni vous ni moi ne lui communiquons, que je sache, les façons de la cour ? Et ce serait un grand malheur si elle les prenait toute seule. Je sais bien que vous ne l'y poussez que trop ; j'ai déjà trouvé Zéline se faisant devant un miroir des mines et des révérences tout comme si elle devait être présentée à Sa Majesté.

— La belle Regaillet le fut bien à Louis XIV.

— C'est vrai, ma mie ; mais, outre que notre fille n'est point aussi remarquablement jolie que Regaillet, souvenez-vous que celle-ci, loin de souhaiter l'honneur que lui fit la reine-mère Anne d'Autriche, se cacha modestement, afin de ne point être mise en évidence. Élevez votre fille dans les mêmes principes, puisque vous avez cité ce nom en honneur dans toutes les familles de Marseille.

— On dirait que vous mettez la bourgeoisie au-dessus de la noblesse.

— Je la laisse à sa place, voilà tout.

— De sorte que... si Zéline était demandée en mariage... par un gentilhomme.

— Par un gentilhomme ! il faudrait qu'il eût des tourelles bien en ruine pour cela ! et je me défie des gens que la pauvreté met entre une bassesse et une folie. Quand je vous dis que vous ferez le malheur de Zéline, en lui persuadant que les troubadours continuent à chanter sous les fenêtres, et que les priviléges sont une plaisanterie ! Si je savais que les robes de damas et les dentelles de Zéline lui font attendre un tortil de baronne, je la mettrais au droguet et à l'indienne à ramages; vous en portiez quand je vous épousai, Agathe, et nous ne nous en aimions pas moins !

Madame Bertrand soupirait en manière de protestation ; puis courait embrasser sa fille, comme si celle-ci avait besoin d'être consolée.

Il résulta de ce système d'éducation que Zéline se crut réservée à une destinée beaucoup plus haute que celle de ses jeunes amies.

Elle s'habitua à compter pour peu l'autorité de son père, se persuada qu'il l'aimait mal, et n'eut confiance que dans la tendresse de sa mère, tendresse profonde, sincère, mais théâtrale, démonstrative, maladroite, et capable de nuire à une fille trop disposée par son propre orgueil à prêter l'oreille aux muguetteries des cadets de noblesse.

Agathe et Zéline trouvaient de bon ton d'avoir l'air de s'ennuyer.

Leur esprit, occupé de fanfreluches, de falbalas, de pompons, ne s'ouvrait jamais au bonheur d'admirer un grand paysage.

Toutes deux se souvenaient en ce moment de la parure que portait à la messe madame d'Héricourt, femme de l'intendant des galères, de son grand habit de lampas bleu broché d'argent, et de sa parure de saphirs.

Zéline enviait le petit nègre tenant la queue de sa robe, sa coiffure au dernier goût, sa fille de chambre coquettement attifée, et portant des robes plus riches que ses plus belles.

Tandis qu'elles revenaient sur leurs souvenirs et leurs impressions, Nicéphore s'abandonnait au plaisir d'être sur mer, de respirer la brise fraîche et parfumée, apportant à Marseille les parfums de l'Italie. Il s'épanouissait en liberté, ce brave homme doux et bon, serviable, juste, honnête, vrai type de ces marchands d'autrefois qui mettaient leur ambition à devenir les fournisseurs d'une maison princière.

Placé en face de Justin Robert, il le regardait avec une intention bienveillante. L'excellent homme aimait à causer. Le cailletage de sa femme et de sa fille le fatiguait sans le distraire ; il entama donc une conversation avec Robert. Celui-ci n'était guère causeur. Cependant la bonhomie de Nicéphore lui plut, et, après avoir répondu d'une manière assez brève à ses tentatives d'entretien, il finit par s'abandonner à un épanchement qui le soulageait.

Les émotions de la matinée lui faisait estimer davantage une parole sympathique.

— Pardonnez-moi une question indiscrète peut-être, mon jeune ami, mais vous n'êtes pas matelot, et les gens du pont ne se trompaient pas en répétant que vous n'étiez pas des leurs.

— Vous savez comment je rame, monsieur.

— Sans doute, mais enfin vous n'en faites pas votre état.

— C'est la vérité, monsieur.

— Votre père en exerçait un ?

Le marinier pâlit et répondit avec effort :

— Mon père était marchand.

— Est-il mort ?

— Nous l'avons perdu...

— Vous avez une famille ?

— Ma mère, une sœur adoptive, Fleur Sirion.

— La fille de Hugues Sirion, le marchand de soieries ?

— Oui, monsieur.

— Et vous voulez être ?

— Orfèvre-bijoutier.

Le visage du bonhomme s'éclaircit.

— Joli négoce ! bon état ! vous travaillez pour une bonne maison ?

— Pour Jacquin Leduc.

— Peuh ! peuh ! fit Nicéphore ; il y a à redire ; son argenterie devient mince, et ses modèles laissent à désirer.

— Je sais bien qu'elle ne vaut pas la maison Pombal, répondit simplement Robert.

La figure de Nicéphore devint pourpre.

— Vous la connaissez aussi ?

— De réputation, monsieur.

— Pourquoi ne vous y êtes-vous pas présenté ?

— Pour plusieurs raisons : il y a une année seulement que mon père manque à la famille ; je ne connaissais aucun état, et mes aptitudes tournées vers les études me laissaient également ignorant. Tout métier se rapprochant d'un art me plaisait davantage, voilà tout. Celui de bijoutier demandant de l'adresse et du goût me parut convenir ; mais il me répugnait de me présenter de boutique en boutique pour devenir apprenti à mon âge. Afin d'éviter un grand nombre de démarches, je m'adressai à un homme chez qui mon père avait coutume d'acheter des bijoux qu'il offrait à fleur et à ma mère ; il m'accepta, et j'y suis resté ! Malheureusement, le voilà fort malade, et il est à craindre qu'il vienne à mourir.

Ce sera le moment de vous adresser à Bertrand, à Nicéphore Bertrand ! dit l'orfèvre. Et frappant amicalement sur le bras de Robert : Car vous me plaisez tout à fait et j'ai besoin d'un apprenti intelligent.

— Quoi ? monsieur, vous seriez...?

— Le propriétaire de la boutique portant pour enseigne : *Aux bijoux de Vénus;* oui, mon jeune ami. Mon confrère est perdu ; s'il était bon pour vous, je ne me montrerais pas méchant. Vous êtes brave, gentil garçon, et vous devez être un bon fils ! Je vous attendrai le lendemain de l'enterrement de Jacquin.

— Je n'oublierai point votre promesse, monsieur, et je vous remercie de grand cœur... Mais nous voici arrivés... il s'agit de descendre.

Un coup de rame vigoureux amena l'*Espérance* à côté d'un grand nombre d'autres barques. Robert offrit la main à madame Bertrand, et la soutint pendant qu'elle montait sur les bancs, et traversait de la sorte trois bateaux menant jusqu'à l'escalier.

Quand elle fut sur le pont, Justin redescendit lestement, afin de rendre le même office à Zéline; mais celle-ci se cramponnait au bras de son père, comme si sa petite main emprisonnée dans une mitaine de soie noire, eût dédaigné de s'appuyer sur la manche de bure d'un marin.

Nicéphore trébuchait sur les planches mobiles, penchait à droite, à gauche, et grondait sa fille de ses terreurs et de ses répugnances. Comme Nicéphore ne se trouvait point aussi fier qu'Agathe et sa fille, il saisit la main de Robert, et, grâce à lui, monta sans trop de peine le rapide escalier.

Alors il fouilla dans sa bourse, y prit un écu, le tendit à Robert et répéta :

— Je n'ai qu'une parole, gardez-moi la vôtre.

— Avec reconnaissance, monsieur, répondit le jeune homme.

Robert salua madame et mademoiselle Bertrand avec grand respect.

— Ne trouvez-vous pas, demanda la bourgeoise à son mari, que ce jeune homme affecte des airs au-dessus de sa condition ?

— Il n'affecte rien, ma chère,

— Il les prend, alors !

— Mon Dieu, non ; il les garde ; sa situation a baissé, son éducation ne varie pas. Fils de marchand, il se fait matelot, voilà tout !

— C'est égal, ajouta Zéline, ma mère a raison ; ce jeune homme est tellement prévenant qu'il devient impoli, le respect des inférieurs est le silence.

— Ma parole, ces femmes me feront damner ! s'écria Nicéphore. Je vous dis que son père était marchand comme moi ; et quand je vous vois, vous, copier les façons de madame d'Héricourt et raisonner de la grandeur des alliances possibles pour notre maison, je trouve un peu fort que vous fassiez à ce garçon le reproche de vous avoir témoigné trop de prévenances et de bon vouloir. Au surplus, il faudra sans doute vous accoutumer à le voir, car il m'a confié qu'il travaillait pour Jacquin ; or Jacquin n'a pas un mois à vivre, et j'ai retenu le marinier d'aujourd'hui pour apprenti.

Zéline fit une moue significative, madame Bertrand haussa les épaules, et le bonhomme Nicéphore resta encore une fois seul de son avis.

Robert passait rapidement sur le quai, quand une rude voix le héla :

— Robert, une pinte de vin à l'*Ancre couronnée*.

— Merci, Beaupré, répondit Robert, je ne bois que de l'eau.

— Drôle de cadet ! riposta le matelot, fort comme un Turc, doux comme une demoiselle, habile à la manœuvre comme un loup de mer, et méprisant la vigne de Noé ! c'est égal ! de ce garçon-là je fais plus de cas que de tous les bailleurs aux mouettes qui baguenaudent à la porte du cabaret... Allons les rejoindre tout de même ! A dimanche, Robert !

II

Fleur.

Robert se dirigea rapidement vers une maison d'apparence modeste, située à gauche de la Mayor. Au moment où il tournait le coin de la rue une jeune fille qui, jusqu'à ce moment, s'était tenue penchée à la fenêtre, rentra dans la chambre, ferma la croisée et courut dire à une femme occupée des apprêts du repas :

— Le voilà, Marianne, ne vous inquiétez pas!

Et la jeune fille ouvrit la porte avec empressement.

Mais, en apercevant Robert, elle poussa un cri d'effroi dont l'écho retentit dans le cœur de la mère. La blessure qu'il avait au front venait de lui frapper les yeux.

— Du sang ! fit-elle en saisissant les mains de son fils... Tu t'es battu ! Je te disais bien, mon pauvre enfant, qu'il t'arriverait malheur, si tu te mêlais aux gens grossiers du port. Tu ne m'as point écoutée, mon Justin ! et le courage me manque pour t'en faire un reproche... Je connais tes intentions, mon brave fils... Mais si nous te perdions dans une bagarre malheureuse, dans une sanglante querelle, ne serions-nous pas deux fois plus à plaindre encore ?

— Ce n'est rien, ma mère ! rien ! je vous jure, répondit le jeune homme; j'ai payé ma bienvenue en coups de poing, voilà tout !

Fleur s'approcha. Elle tenait un vase plein d'eau tiède aromatisée et un mouchoir.

— Allons, méchant frère, dit-elle, asseyez-vous, qu'on lave et qu'on panse cette blessure... Elle vous fait bien souffrir, n'est-ce pas ? Oh ! malgré ma facilité à pardonner les injures, je me sens de la rancune contre celui qui vous a mis en cet état... Pourquoi n'êtes-vous pas rentré tout de suite, Justin?

— Si j'étais rentré, ma chère Fleur, je n'aurais point gagné ce bel écu que vous jetterez dans la tirelire, et j'aurais perdu l'excellente aubaine d'entrer en relations avec maître Nicéphore Bertrand, le chef de la maison *Aux bijoux de Vénus;* je l'ai si bien promené sur la mer, qu'il augure favorablement de mon intelligence, et m'offre d'entrer chez lui.

— Ce serait un grand bonheur, répondit Marianne.

— J'en suis convaincu et j'ai accepté.

— Vous sentez-vous mieux, Justin? demanda Fleur.

— Mais je suis guéri, je vous assure, ma bonne petite sœur. Ne vous alarmez pas, ce n'est rien. Les mariniers de la Joliette ont voulu essayer ma force; j'y ai gagné trois amis : Beaupré, Luc-le-Vieux et Cacatois, de drôles de noms sur de bonnes figures. Et vous, Fleur, qu'avez-vous fait?

— Nous avons assisté aux vêpres, et nous avons prié pour vous, pour votre père!

Justin se découvrit.

— Dieu vous exaucera, répondit-il, vous êtes deux saintes !

Le souper fumant fut placé sur la table. Marianne récita la prière accoutumée pour implorer la bénédiction du Seigneur, puis elle s'assit ; Fleur et Justin l'imitèrent. Une place resta vide, c'était celle du père absent.

La mère de Justin avait quarante ans. Un chagrin violent blanchit prématurément ses cheveux et mit des rides à son front ; mais en lui enlevant ce qui lui restait de jeunesse, cette peine profonde donna une expression auguste à son visage. Le regard s'attendrit ; la bouche prit des inflexions touchantes, le geste devint lent, empreint de ferveur, la voix se nuança de prière. On respectait Angélique, on l'admira ; son fils l'aimait avec passion, elle fut l'objet de son culte.

Deux mots résumaient cette âme : aimer, souffrir !

Angélique épousa un jeune homme honorable ; il était sans fortune ; son intelligence lui en tenait lieu. Accoutumé au négoce, et gardant au sein des affaires les traditions de l'honnêteté, il prit une place modeste et intermédiaire entre les armateurs et les négociants. Le bâtiment qu'il montait lui appartenait. Pour ne point s'exposer à des pertes graves, capables d'entraîner une faillite, il se chargeait volontiers de transports et d'échanges de marchandises. Tout était profit, de la sorte; quand il trafiquait pour son compte, il le faisait au comptant. Son ambition ne dépassait pas le niveau de l'aisance. Parti d'en bas, il n'aspirait point à parvenir au plus haut sommet. Les milieux lui convenaient. Sa femme bornait ses vœux au bonheur domestique. Tous deux souhaitaient cependant faire de Justin leur fils un homme de science ou de robe, rien n'indiquant en lui le goût du trafic ou l'amour du danger. Le ménage de Marianne et de Robert n'avait point d'histoire ; le mémorial de la famille contenait seulement la date mortuaire annonçant que deux vieillards venaient d'expirer dans les bras de leurs enfants, et le quantième du mois d'avril 16... qui avait vu naître le petit Justin. Quinze années s'écoulèrent de la sorte, paisiblement, uniformément. Marianne restait seule pendant la moitié de l'année.

Les voyages de son mari la laissaient veuve. Elle garda donc plus de loisir que les autres femmes pour soigner son enfant, l'élever avec sollicitude et l'instruire autant qu'il lui fut possible. Lorsqu'elle s'aperçut que son ignorance allait la forcer à se séparer de Justin, elle lutta héroïquement contre son ignorance, se pencha sur les livres à son tour ; se fit élève pendant la nuit afin d'enseigner pendant la journée. Elle put ainsi le conserver une année de plus sous sa tutelle. Pour compenser ce qui allait lui manquer, Dieu peupla sa maison. Marianne adopta une orpheline, et Fleur devint la sœur de Justin.

Rappelons en quelques mots l'histoire de cette adoption.

Hugues Sérion et Victor Robert avaient été élevés dans des maisons voisines, par des parents liés depuis leur enfance. L'amitié restait comme une tradition dans les deux familles. Ils jouaient ensemble, apprenaient à lire ensemble, partageaient leurs franchises, et plus tard mirent leur bourse en commun. Robert se maria le premier. Son bonheur engagea Hugues à épouser une jeune fille aussi bonne que jolie ; et les deux ménages recommencèrent la chaîne d'affection que rien ne semblait devoir rompre. Deux ans après la naissance du petit Robert, la femme de Hugues mit au monde une fille si mignonne et si délicate, que l'on choisit pour son second nom celui d'une des saintes vénérées de la Provence; on marqua sur le registre de baptême Marie Fleur ; le dernier nom lui resta. Les deux jeunes femmes gardèrent leurs enfants chez elles, les nourrirent; mais Fleur était à peine sevrée que sa mère s'éteignit lentement d'un mal que les médecins ne purent définir. Hugues pensa devenir fou de douleur, Angélique et Robert ne l'abandonnèrent pas dans son désespoir. Leur maison devint la sienne ; Fleur ne quitta guère les genoux de Marianne pendant les absences de son père, et l'on aurait pu croire qu'elle avait deux enfants, à voir avec quelle égalité elle partageait entre Fleur et Robert les témoignages de sa tendresse.

Un soir, dans sa conversation, pour un sujet futile, Hugues et Robert se trouvèrent d'avis différent. Tous deux étaient dans d'assez tristes dispositions d'esprit. Hugues venait de perdre une somme de cent pistoles dans la faillite d'un marchand de soieries, Robert s'inquiétait fort qu'on ne lui eût point soldé exactement le prix de son dernier chargement de blé.

La dissidence d'opinions fut cause qu'une querelle s'engagea; elle s'envenima progressivement. Marianne tenta vainement d'intervenir, les deux hommes entraînés hors de leur douceur habituelle s'aigrirent, s'emportèrent. On en vint à des injures, si bien que Hugues, prenant Fleur dans ses bras, quitta la salle de Robert, en jurant que jamais il ne remettrait les pieds dans sa maison. Robert crut que son ami cédait à un moment de mauvaise humeur. Le lendemain, quand sa femme lui demanda s'il n'allait point voir son ami, Robert répondit :

— Je n'ai point chassé Hugues, il est parti comme un brutal; quand il lui conviendra de revenir, il reviendra.

Hugues pensait de son côté :

— Je me suis obstiné, c'est vrai ; mais je me trouvais sous le coup d'une perte énorme pour ma fortune; Robert devait avoir égard à ma situation ; après m'être banni de chez lui je ne peux y rentrer de moi-même ; s'il le comprend, il viendra me chercher.

Malheureusement, aucun des deux ne fit ce qu'attendait l'autre, si bien que cette querelle dégénéra en brouillerie sérieuse, s'aigrit comme une inimitié motivée, et que Robert et Hugues, se trouvant un jour placés fortuitement en face l'un de l'autre, se détournèrent en même temps, au lieu de se tendre la main.

A partir de cette heure, Robert dit à sa femme :

— Hugues n'est plus rien pour moi, et Fleur nous devient étrangère.

Marianne détourna la tête pour essuyer une larme.

— Je ne veux jamais voir Fleur ici, ajouta Robert.

— Tu es le maître, mon ami, répondit Marianne, et j'obéirai.

Mais si la jeune femme se soumit en dépit de la peine qu'elle éprouva, il n'en fut point de même de Justin, son caractère s'attrista.

Privé de sa petite amie, il sembla chercher continuellement autour de lui cette sœur absente. Quelques-uns des joujoux de Fleur étant restés parmi les siens, il affecta de jouer avec eux de préférence ; ou plutôt il ne l'affecta pas ; son souvenir ne quitta point la gentille enfant. Il passait de longues heures à la fenêtre, debout sur une chaise, afin de mieux voir ; et sa mère lui ayant un jour demandé ce qu'il regardait si attentivement.

— Je cherche si Fleur ne vient pas, répondit-il.

Marianne l'embrassa.

— Pourquoi ne vient-elle plus? poursuivit l'enfant.

— Son père ne l'amène pas, mon chéri.

— Oh! je sais, mon père et Hugues sont fâchés... mais moi je ne suis pas en colère contre Fleur...

— Elle reviendra, Justin, sois tranquille.

— Je suis tranquille, mais je m'ennuie...

Marianne rapporta cette conversation à son mari. Robert parut vivement contrarié.

— Assez ! dit-il, je t'ai défendu de prononcer ce nom.

— Je ne l'eusse pas fait pour moi, répondit doucement Marianne. Robert garda un silence maussade.

Au bout d'une heure il dit tout haut, comme s'il poursuivait une pensée :

— J'aimais autant Fleur que Robert... L'entêté ! le mauvais cœur que ce Hugues ! Il a été mon ami, mon camarade et mon frère ! jamais, non jamais je ne lui pardonnerai...

— Quelques paroles un peu dures?...

— Eh! non... de faire pleurer mon fils...

Les mois se succédèrent ; l'automne s'acheva.

L'hiver amenait alors à Marseille une série de fêtes charmantes, empreintes des souvenirs de l'Église primitive : Noël, le premier jour de l'an et les Rois formaient une trilogie.

Les familles se confondaient pendant ces dix jours, les ennemis se réconciliaient.

Les ménagères n'avaient guère le temps de se reposer. Les repas plantureux occupaient maîtresses et servantes. Il s'agissait de pétrir les gâteaux, de confectionner les friandises.

Tandis que sur le Cours s'élevaient les baraques destinées à abriter les *saintons*, les crèches et l'imagerie populaire, les ménagères se hâtèrent d'achever leurs préparatifs. Personne ne dînait seul pendant ces jours-là.

La part du mendiant était réservée ; on n'oubliait pas Jésus grelottant, et chaque coup de marteau frappé par les indigents aux portes hospitalières paraissait d'un bon augure ; Marianne se multipliait.

Les parents convoqués pour le repas de Noël, les amis se réjouissaient de passer ensemble cette soirée. Justin seul paraissait vivement préoccupé. Il réunissait ses compagnons de jeux, leur parlait bas, se cachait de sa mère pour ses mystérieux conciliabules, et amassait dans une armoire tous les instruments de musique mis à sa disposition, depuis la crécelle jusqu'au tambour.

La veille de Noël, la salle à manger fut garnie de feuillage. Sur l'énorme table dressée au milieu, et augmentée de rallonges, on plaça trois nappes de toile fine... Treize pains décorés de myrthe, dont un beaucoup plus gros que les autres, et figurant le Christ et les douze apôtres, furent mis à des places différentes.

Justin s'arrêtait en admiration devant le couvert, demandait le pourquoi de toutes les choses, comptait les couverts, et riait avec une gentillesse malicieuse.

— Ma mie Martonne, vint-il dire à la plus âgée des servantes, si tu m'aimes, tu mettras deux couverts de plus.

— Et pourquoi, mon beau mignon?

— J'ai invité quelqu'un.

— Sans le dire à Madame?

— Je veux la surprendre.

— Et c'est aussi pour la surprendre que Louis, Victor, Aubin et vous, préparez des aubades?

— N'entends-tu pas la belle musique qui parcourt les rues depuis le commencement du mois de décembre? On chante des noëls, et les violons sont tous occupés. L'autre soir, je suis sorti avec mon père. Il y avait des troupes de gens couverts de beaux habits et tous chargés de présents, marchant au son de la musique. J'ai demandé pourquoi à mon père, et il m'a répondu : — Regarde, et retiens la leçon qui t'es donnée, mon enfant : — Thomas Hury était brouillé depuis vingt ans avec Pierre Juliot, et au nom du Sauveur des hommes, pendant le saint temps de l'Avent, il va lui tendre la main. Ils se réconcilient au-dessus de la paille de la crèche ; de toutes les coutumes provençales, celle-ci est une des plus touchantes. Le Dieu de paix, l'Emmanuel, ne doit trouver aucune inimitié dans les âmes en venant parmi nous... J'ai répondu : — Merci, mon père; je me souviendrai... Je me souviens, tu vois, ma mie Martonne, puisque je t'ai répété mot pour mot le discours du père, et que je te prie de mettre deux couverts de plus.

— Tenez ! vous êtes un petit ange ! s'écria Martonne en embrassant l'enfant.

Et elle courut chercher deux assiettes.

— Celle de M. Hugues en face de votre père, et celle de Fleur proche la vôtre ; n'ai-je point compris ? demanda la bonne servante.

— Tu comprends bien, et tu es comme moi très-sûre que mon père ne pourra me refuser.

— Je l'espère, mon mignon.

Le lendemain Marianne avait mis sa belle robe de noce, et Robert son habit des grands jours. L'enfant portait un costume blanc décoré de canons bleus et de fines dentelles. On avait bouclé ses cheveux blonds, et vraiment, il était impossible de voir une plus souriante figure.

Les convives entrèrent dans la salle ; quand ils furent tous réunis, Robert prit la main de Justin et le conduisit à la porte de la maison ; Mauricette y avait porté une belle bûche d'olivier. Marianne donna à l'enfant un verre d'argent rempli de vin, et Justin en versa par trois fois quelques gouttes sur la bûche, en chantant d'une voix argentine :

> Allegre Diou nous allegre
> Cachofué ven, tout est ben ven ;
> Dieu nous fagué la graci de veïre l'an que ven
> Se siem pas moi, que signen pas men.

Puis il passa le verre à son plus proche voisin, et quand il eut fait le tour de l'assistance, il était vide.

Justin saisit alors une des extrémités de la bûche (*calincou*), l'autre fut soulevée par un vieillard, et on la porta en grande pompe dans le foyer.

Le père de famille allait désigner aux convives leurs places respectives, quand éclata brusquement dans la salle une harmonie à laquelle nul ne s'attendait. Justin et ses camarades, munis qui d'un violon, qui d'une trompette, d'un tambour et d'une flûte, jouaient un semblant d'air de Lulli, en faisant le plus de bruit possible, et défilaient dans la salle avec une majesté enfantine.

— Où vas-tu, Justin? demanda Marianne en voyant son fils ouvrir la porte.

— Chercher Fleur et Hugues, répondit l'enfant; c'est la Noël, et le père m'a dit l'autre soir : — Le Messie ne doit trouver la haine dans aucune âme quand il descend sur la terre...

Robert s'élança vers son enfant et le pressa sur sa poitrine.

— Venez tous ! dit-il à ses amis et à ses parents.

Quelques minutes après Robert frappait au logis de Hugues.

On fut longtemps avant d'ouvrir.

Enfin, Hugues parut.

Non pas Hugues tel que Robert le connaissait jadis, mais pâle, défait, les cheveux rares et blanchis aux tempes, les vêtements en désordre.

Il tira lentement le verrou, et voyant cette foule joyeuse, il recula de deux pas. Mais Robert s'élança au-devant de lui, serra ses mains avec effusion et lui dit avec une émotion si vraie :

— Hugues ! au nom du Christ, redeviens mon ami ! que celui-ci, baissant son front sur l'épaule de Robert, sentit les larmes lui venir aux yeux.

— Monte, lui dit-il, venez tous chez moi ; je ne rougis point de ma pauvreté, je suis les usages ; la collation partagée est le signe d'une réconciliation complète, vous rompez mon pain.

Passant devant Robert, Justin monta dans l'escalier.

— Fleur ! s'écria-t-il, ma petite Fleur !

L'enfant reconnut sa voix, s'élança, puis s'arrêta soudain une main sur sa poitrine, suffoquée par la joie.

— Je savais bien que tu viendrais! dit-elle.

— Cette fois, murmura Robert à l'oreille de Hugues, ce sont les enfants qui nous donnent l'exemple.

Fleur tira du buffet le pain, le fromage et un peu de vin, tout ce qui restait dans le logis.

— Je suis pauvre depuis hier ! dit Hugues ; demain j'aurais eu faim ! Le pain fut partagé, ainsi que le vin ; puis la famille Robert et ses amis quittèrent la maison de Hugues.

Aucune invitation n'avait été faite, l'usage étant de rendre un quart d'heure après la visite de réconciliation. En effet, quelques minutes s'étaient à peine écoulées, quand on vit apparaître sur le seuil Hugues et sa fille. On les conduisit aux places désignées par Justin, et jamais repas de Noël ne fut plus animé et plus charmant. Le pauvre invité à la fête occupait une place d'honneur à côté de Marianne. Fleur et Justin le servaient avec des attentions, des gentillesses adorables. Ils n'auraient pas eu plus de respect pour le Sauveur lui-même. Tout en se faisant les serviteurs du pauvre, ils mordaient au même gâteau, partageaient leurs fruits, se souriaient, échangeaient des confidences enfantines, se disaient combien les mois leur avaient paru longs, et combien ils allaient se dédommager. Robert coupa en trois parts le gros pain, en l'honneur de la Trinité, et Marianne en conserva précieusement les débris, pour que Robert les portât sur lui dans un sachet, lors de son prochain voyage.

Le pauvre, en quittant le foyer hospitalier, bénit les membres de la famille, et cette nuit-là tout le monde dormit paisiblement dans la maison de Robert.

Justin et Fleur reprirent leurs leçons fraternelles.

Il fut convenu que Hugues dînerait tous les jours chez son ami. Le pauvre homme, accablé par des coups successifs, luttait vainement contre l'abattement et le désespoir. La mort de sa femme avait enlevé à sa vie toute espérance et toute joie. Sa ruine le terrifia. Sentant sa santé faiblir, la pensée de Fleur lui devint une mortelle inquiétude. L'inimitié de Robert compliquait encore cette situation. La douleur eut le temps de s'emparer de l'âme de Hugues, et de la miner sourdement, avant que la présence de Robert, pendant la veillée de Noël, lui prouvât qu'il pouvait attendre quelque chose d'heureux pour lui et pour sa fille. Mais le coup était porté : Hugues tenta vainement de vivre, la mort germait en lui, et trois mois après sa réconciliation avec Robert, il mourait dans ses bras. Marianne pleurait au pied de son lit. D'une même étreinte il tenait Fleur et Justin sur sa poitrine. Ses mains tremblantes se posèrent sur leurs fronts rapprochés, et avec un regard qui complétait sa pensée, il balbutia :

— Tous deux... dernier vœu... unis !

Il expira.

Marianne emmena les deux enfants.

Depuis ce jour, Fleur l'appela : ma mère.

L'enfant n'oublia pas son père, mais tout ce que peut une tendresse ingénieuse pour consoler fut mis en œuvre auprès d'elle. Marianne n'enleva rien à son affection pour Robert, mais elle aima Fleur presque autant que son Fils. Robert les confondait dans son esprit et dans son cœur. Le suprême désir de Hugues serait exaucé. Fleur deviendrait un jour la femme de Justin. Ils anticipaient seulement en la nommant déjà leur fille.

La présence de Fleur anima, réjouit cet intérieur. Les deux enfants vivaient dans une concorde parfaite. Les leçons et les jeux, tout était mis en commun.

Seulement, quand vint l'époque où Justin dut avoir un maître capable de lui enseigner ce que Marianne ne savait pas, une différence progressive s'établit dans leurs rapports.

Justin Robert devenait un jeune homme, Fleur grandissait.

Un jour ils cessèrent de se tutoyer.

Robert, qui n'avait eu jusque-là que de l'amitié pour sa sœur, éprouva une sorte de respect timide. Ils rougissaient sans cause, et se trouvaient, mais sans se chercher.

Fleur aidait Marianne dans les soins du ménage,

Justin recevait les confidences de son père. Nous avons dit que le jeune homme poursuivait ses études afin de devenir avocat. Il s'intéressait néanmoins à toutes les questions commerciales, possédait déjà un jugement sain, une vivacité remarquable, saisissait rapidement les points de vue divers d'une question multiple, et faisait l'orgueil de son père et la joie de Marianne.

— Nous les marierons quand il aura plaidé sa première cause ! disaient les deux époux.

Fleur devenait belle, et restait modeste. Toutes les mères pouvaient envier à Marianne sa fille d'adoption. Les pères de familles souhaitant établir leurs fils citaient Fleur pour modèle. On jalousait le bonheur de Justin. Tout le monde savait que Fleur deviendrait sa femme. Il s'en montrait naïvement fier. Cependant, jamais dans l'intérieur de la famille on ne faisait allusion à ce projet. Il eût semblé que l'on aurait enlevé quelque chose à la liberté de choix de ces jeunes cœurs, ou défloré ces âmes naïves. Il suffisait que Fleur et Justin ne pussent songer à vivre l'un sans l'autre.

Ils étaient trop heureux.

Un coup de foudre tomba sur cette maison.

Robert continuait ses courses.

A cette époque la Méditerranée était écumée par les corsaires turcs. La guerre acharnée qu'on leur livrait les décimait sans les détruire. Un navire était-il pris ou coulé à fond, deux autres surgissaient, arborant le croissant et semant la mort et l'épouvante. Jusqu'à ce moment, Robert avait échappé comme par miracle à leurs mains avides. Marianne, dont les corsaires étaient le plus grand effroi pendant les premières années de son mariage, voyant avec quel bonheur Robert se tirait de toutes ses entreprises, ne s'épouvantait plus de leur rencontre. Son mari ne portait-il pas d'ailleurs sur lui les miettes du pain de la Noël renfermées dans un sachet bénit ?

Le chef de famille était absent depuis trois mois.

On l'attendait de jour en jour, quand un soir un matelot étranger frappa à la porte d'Angélique.

Il présenta une lettre, resta debout sur le seuil, et attendit.

Voici ce que contenait la lettre ;

« Mes bien-aimés,

« Ne pleurez pas et ne désespérez point : l'épreuve est lourde, armez-vous de courage. Si malheureux que je sois, je ne cesse point d'attendre un secours providentiel. Je suis à Tétouan ; fait captif par un corsaire, il m'a vendu à un homme riche de cette ville. On m'emploie à porter des fardeaux. Ce n'est point du labeur que je me plains.

« L'habitude du travail a durci mes mains. La misérable nourriture qu'il me jette m'est indifférente. Je songe a vous, je vous pleure... Hélas ! mes larmes ne font pas de l'or ! et c'est de l'or qu'il faut pour ma rançon ! Ahmed en a fixé le prix à 2,000 écus. N'est-ce point me condamner à ne jamais vous revoir ! Justin ne gagne rien encore. Notre modeste mobilier ne ferait pas le huitième de cette somme ; le labeur de deux femmes est si mal payé ! Marianne, Fleur, Justin ! quand vous reverrai-je ? Je vous reverrai, cependant, je le sens aux battements de mon cœur. Votre tendresse vous fera réaliser des prodiges. Je ne vous devais que le bonheur et vous deviendrez mon salut. Mes bien-aimés ! la force me manque pour continuer à écrire ; vos noms que je viens de tracer s'effacent sous mes larmes... Seul ! tout seul ! après avoir passé dix-huit ans avec une femme comme Marianne, avoir vu grandir mon fils, et partagé la tendresse filiale de Fleur... Écrivez-moi ! consolez-moi ! Le matelot qui vous remettra cette lettre revient prochainement à Tétouan, je vais l'attendre avec une douloureuse impatience. Encore une fois ne désespérez pas. Voyez aussi froidement que possible notre situation ; consultez votre raison autant que votre cœur. Je vous estime tous trois autant que je vous aime, et jamais je ne vous accuserai d'indifférence et d'oubli.

« Je serre ma chère femme sur mon cœur, et j'embrasse avec une affection paternelle Fleur et Justin, mes enfants chéris. »

Les derniers mots de cette lecture se perdirent dans des sanglots.

Les deux jeunes gens les écoutèrent à genoux, comme s'ils recevaient à travers l'espace la bénédiction du père.

Le matelot se leva.

— Quand dois-je revenir? demanda-t-il.

— Demain.

Il sortit.

Marianne, assise entre ses deux enfants, les consulta alors sur ce qu'elle devait faire.

— Vendons toujours le mobilier, nos bijoux et nos parures, dit-elle, ce sera le commencement de la rançon.

— A partir de ce moment, je cesse mes études et j'apprends un métier, dit Justin Robert.

— Et moi qui fais si bien la dentelle, je travaillerai pour les grandes dames de la Provence, ajouta Fleur.

Le lendemain, en effet, on fit venir un marchand, c'était un assez brave homme. Il comprit la situation, estima les meubles un prix raisonnable et prit tout ce qui ne devenait pas indispensable à la famille. Deux des chambres de l'apppartement furent sous-louées pour diminuer les frais de location, et Robert, après avoir mûrement réfléchi, annonça à sa mère qu'il apprendrait l'état de bijoutier.

Le même jour il se présentait chez Jacquin Leduc, afin de lui faire estimer les bijoux de Marianne et de s'offrir comme apprenti.

Le double marché se conclut en même temps.

La lettre envoyée à Robert contint les détails de ces changements dans l'intérieur de la famille.

« Nous mourrons peut-être à la peine, disait Justin en finissant, mais ce que peuvent une femme, une fille et un fils, nous le ferons pour ton salut. Notre pensée n'a qu'un objet; notre cœur qu'une espérance. Nous voici devenus saintement cupides. Le métier que j'ignore, je le saurai dans quelques mois. Nos sueurs se transformeront quoi que tu dises, elles te rachèteront, elles te sauveront ! Depuis que nous avons vendu le superflu du mobilier, que nous avons diminué le nombre de nos chambres, il semble que nos cœurs se fondent davantage. Fleur vient d'acheter une cassette au fond de laquelle est déjà le produit de la vente de quelques objets. Chaque jour verra grossir notre trésor. Attends donc ! espère, fie-toi à notre cœur, ces cœurs que tu as formés pour la vertu. »

Lorsque le matelot partit chargé de cette lettre, il

parut à la famille Robert que l'oppression diminuait. Le père allait attendre avec confiance ; l'épouse et les enfants rivaliseraient de zèle.

Le malheur qui frappait ces honnêtes gens fut pendant huit jours l'objet des conversations d'un cercle de prétendus intimes. Mais si chacun les plaignit, nul ne leur ouvrit sa bourse, et il ne durent compter que sur eux-mêmes pour atteindre le but qu'ils se proposaient

III

La vie difficile.

Justin embrassa courageusement sa voie nouvelle. Il cessa les études qui jusqu'à cette heure, avaient fait l'occupation et le charme de sa vie ; il brisa ses rêves d'avenir sans hésitation et sans regret. Du jour où il sut que son père souffrait l'esclavage et pouvait être condamné à toutes les tortures par un maître inflexible et barbare, il résolut de subir lui-même le volontaire esclavage du devoir. Ses volumes, ses cartes, ses cahiers, tout fut enfermé dans un meuble dont il jeta lui-même la clef pour ne pas être tenté de le rouvrir. Le jeune savant n'aspirait plus qu'au labeur de l'ouvrier. Il avait désiré jadis les triomphes de la parole; il n'ambitionna que l'adresse capable d'augmenter son salaire. En troquant la plume contre l'outil, il se crut plus grand que s'il était réellement quelque chose au milieu des hommes avides de distinctions honorifiques. Ne concevant pas que l'habit fût en opposition avec le métier, il prit le costume des ouvriers, ne gardant de ses anciennes habitudes que l'amour du linge fin et un attachement enfantin pour la poudre d'iris. Mais Fleur la préparait elle-même, et le chiffre de la dépense ne se trouvait pas grossi par cette petite recherche.

Jacquin, chez qui entra Justin en qualité d'apprenti, était un brave homme routinier, honnête, maniaque, mais compatissant et juste. Il avait joui d'une grande réputation comme orfèvre et joaillier; mais la mode changea, le style des bijoux de Jacquin parut bientôt vieux et sévère. Les élégances de la cour de Louis XIV s'accommodèrent mal des montures façonnées au temps d'Henri II; il ne fallait rien moins que trois siècles pour nous faire apprécier de nouveau ses grâces un peu mièvres et ces délicatesses d'émail et de ciselure. Jacquin délaissé pour Nicéphore Bertrand ne protesta pas contre le goût des belles dames et l'infidélité des grands seigneurs. Il y avait de la philosophie au fond de ce caractère. Ce qui l'affligea, ce ne fut point de voir diminuer le chiffre de la vente et des profits, mais de s'apercevoir que les jeunes gens entraient plutôt chez son rival pour y étudier l'art des orfèvres. Son enseignement était, disait-il, de beaucoup supérieur à celui de Pombal et de ses confrères. Personne n'entendait comme lui le mélange des ciselures, des émaux et des nielles. Quand il voyait un jeune homme intelligent entrer chez Bertrand, il soupirait :

— Encore un qui n'aura pas de traditions ! disait-il.

On riait un peu de maître Jacquin. Les vieillards qui avaient l'habitude de se fournir chez lui, continuaient à y choisir leurs tabatières ; les douairières lui demandèrent leurs boites à mouches, mais jamais une jeune fille ne songeait à lui commander ses pa-

rures de mariée. Ce fut donc une grande joie pour
Jacquin d'avoir Justin comme apprenti. Le jeune
Robert, intelligent et zélé, fit des progrès rapides.
L'instruction est une merveilleuse mine, elle offre
pour tout des ressources précieuses. L'art et l'industrie fouillent dans ses richesses. Il faut un faisceau de
connaissances variées pour produire dans une seule
branche des résultats heureux. L'élève saisissait avec
une facilité extrême l'enseignement du maître. Il
écoutait les leçons, les conseils, même les radotages
du vieux Jacquin, sûr de saisir dans ce chaos une
lueur conductrice, de démêler l'objet nécessaire, de
trouver un secret, de combiner un moyen. Le vieux
maître se prit d'amitié pour Robert. Il ne cessait de
l'encourager, de lui promettre des succès, de le pousser dans un chemin qui, disait-il, était celui de la fortune. L'apprenti formé par un homme réellement
habile, fut bientôt en état de gagner un peu d'argent.
A cette époque, il est vrai, les salaires étaient de
beaucoup inférieurs à ce qu'ils sont aujourd'hui.
Justin eût augmenté les siens en changeant d'atelier ;
il avait reçu des éloges flatteurs et repoussé des pro-

positions avantageuses. La reconnaissance le liait au vieillard, qui lui acheta loyalement les bijoux de sa mère et lui vint le premier en aide au moment de son désastre.

Depuis trois mois Jacquin faiblissait. Il n'y voyait presque plus. Les leçons qu'il donnait à son élève devenaient toutes théoriques. Sa main tremblait. Son grand bonheur était d'inspecter ses vitrines et de regarder avec des loupes les objets finement gravés sortis autrefois de ses mains. S'il n'eût pas eu de famille, Robert serait devenu son héritier ; mais Jacquin avait une sœur, mariée aux environ d'Aix, mère de huit enfants, presque pauvre, et il aurait cru commettre un crime contre la famille en dépossédant ses neveux. Cependant, la situation de Robert l'inquiétait.

— Mon ami, lui dit-il, le lendemain du jour où le nouveau batelier avait promené les Bertrand, mon pauvre ami, je baisse beaucoup.

— Bah! répondit Robert, c'est une indisposition légère.

— Non, mon enfant, mes jambes flageolent, mes regards se troublent, mes doigts ne peuvent plus manier l'outil. Il ne faut jamais s'abuser sur son état. J'ai fourni une longue carrière. Depuis soixante-quinze ans que je travaille et fais travailler ! saint Éloi, notre patron, en soit loué ! Mon existence excita l'envie de beaucoup. Dans quelques semaines, quelques mois au plus, Jacquin sera mort : que deviendras-tu, mon pauvre garçon ?

— Je ne veux point accepter les tristes présages dont vous parlez. Vous me donnerez encore des leçons, jusqu'à ce que je sois capable d'être maître à mon tour.

— Non, Robert. Tu seras assez savant pour devenir maître orfèvre avant deux années ; de cela je ne fais point de doute ; mais l'argent de la maîtrise te manquera. Ma sœur Jacqueline héritera de la mienne et la vendra ; ce m'est un véritable chagrin de ne pas te la laisser en souvenir de ma bonne amitié. Tu travailleras donc encore chez les autres, en attendant le retour de ton père et un changement de fortune. Mais chez qui iras-tu ? Bonastoul met trop d'alliage dans ses bijoux, Nicole a une façon lourde, Carossol n'a jamais su nieller ni ciseler. Écoute, Robert, Bertrand est encore le moins mauvais de tous. Il fait la transaction. Entre le bijou François Ier, le seul digne à mes yeux d'éloge et d'étude, et le bijou moderne coquet et gracieux, il y a les parures de Pombal, ni trop légères ni trop lourdes. Ses pierres sont bien sorties. Il sait monter une aigrette, le goût ne lui manque pas dans le genre qu'il a adopté. Tu ne connais pas Bertrand?

— Pardonnez-moi, répondit Robert en souriant.

— Ingrat! s'écria Jacquin, se méprenant au sens des paroles de Robert, tu songes à me quitter?

— Me comprenez-vous si peu, maître, que vous m'adressiez un pareil reproche? Ce n'est point l'apprenti que Bertrand a vu en moi jusqu'à cette heure, mais le batelier du port. J'ai omis de vous conter mon aventure d'hier. Et, me voyant une balafre au front, vous avez pensé peut-être que j'avais oublié ma sobriété habituelle. Non pas! Je me suis dit seulement qu'après avoir conduit Fleur et ma mère aux offices de la Mayor, il me restait encore dans la journée des heures dont je pouvais tirer profit. Mon but est tellement religieux et sacré que Dieu ne s'offense point de me voir finir la soirée en promenant dans mon bateau l'*Espérance*, les oisifs heureux. D'ailleurs je suis tranquille à ce sujet, et le chanoine Audebert a rassuré ma conscience. Donc, hier, j'ai mis à exécution un projet déjà vieux. Ma mère et Fleur m'ayant confectionné un costume, j'ai monté ma barque, et les Bertrand ont été mes premières pratiques. J'ai gagné un écu, le coup de Jean Marsouin dont vous voyez la trace, et un ami nommé Mathias Beaupré.

— Et, demanda Jacquin, tu n'as parlé que marine à Bertrand ?

— Pardonnez-moi ! Il ne m'a point trouvé les mains calleuses d'un rameur, et ma questionné. Je lui ai appris que j'étudiais l'orfévrerie chez vous.

— Ce n'est pas tout Robert : Nicéphore est jaloux, excessivement jaloux de moi ; tu as l'air intelligent, il t'a proposé d'entrer chez lui ?

— Cela est vrai.

— Il a mis tout en œuvre pour te séduire, même une augmentation de paye !

— Quand cela serait ?

— Tu as refusé ?

— Je ne vous quitterai jamais, Jacquin.

— Bien fait et bien dit ! tu as raison de ne pas me quitter. J'ai une autre manière de faire que ces gens-là ! Je te formerai mieux et plus vite. Dans un an, tu peux être le meilleur orfèvre de Provence. Tu dessines bien, tu connais le modelé, deux conditions indispensables pour primer ; un jour tu seras à la tête de cette branche de commerce.

— Vous oubliez, dit Robert en souriant, que je ne me destinais pas à cette partie. Je l'embrasse pour gagner de l'argent, voilà tout !

— Mais alors, je te ruine, Robert ! En effet ta vocation était le barreau, la robe, l'étude. Tu dois prendre ce qui rapporte davantage sans considérer tes affections. Le sentiment et le profit sont deux ennemis mortels... Il faut me quitter, Robert... Tu entreras chez les Bertrand, je t'y autorise, je t'en prie... La rançon de ton père avant tout...

— Avant tout, hors la reconnaissance ; je vous en dois, Jacquin ; je vous aime, et je reste...

— Brave enfant ! toujours le même.... Songes-y ! ne calcule pas ce que ton cœur te conseille.

— Mon père agirait comme je fais.

— Je n'insiste plus. Les Bertrand t'auront un jour, quand tu auras clos les yeux du vieil orfèvre... Il y a des moments où je regrette d'avoir des neveux !

A partir de ce jour l'intimité grandit encore entre Jacquin et Robert. Elle prit un caractère tout paternel. Le vieillard déclinait rapidement. Il refusa de se mettre au lit. Assis dans un vaste fauteuil derrière le comptoir, il jouissait encore de la vue de quelques belles pièces d'orfévrerie. Robert le distrayait. Un soir, pendant l'absence du jeune homme, Jacquin prit les bijoux de Marianne, les plaça dans une boîte, mit une lettre au-dessus, cacheta la boîte, la ficela dans un paquet, et se sourit doucement.

Le lendemain il dit à Robert :

— Je te commets ce dépôt; tu rempliras, j'en suis sûr, le mandat que je te confie. Dans cinq ans, grâce à ton activité, tu auras amené les deux mille écus nécessaires à la rançon de ton père; si, par malheur, ton père était mort avant cette époque, ou, ce que j'aime mieux prévoir, si, Dieu et les circonstances te venant en aide, tu acquittes la dette de ton cœur rapidement, tu prendras connaissance des papiers contenus dans cette boîte.

— Je vous remercie de votre confiance, répondit Robert.

Le soir même, il emporta le coffret scellé.

Jacquin ne se trompait pas; six semaines après, il rendait le dernier soupir au milieu des huit enfants de sa sœur.

Ce fut Robert qui, selon la coutume de Marseille, ferma les yeux et la bouche du mort. Sa sœur Jacqueline, plongée dans une profonde douleur, se trouva incapable de vaquer aux devoirs pieux de la sépulture. Angélique et Fleur se dévouèrent. On habilla le vieillard, et on le déposa sous le vestibule de sa maison tendue de draperies noires. Pendant vingt-quatre heures il resta exposé de la sorte. Malgré sa fatigue, Robert ne le quitta point. Il le conduisit au cimetière, mit sa sœur en possession de l'héritage, et ne se crut quitte envers son premier maître qu'après avoir débrouillé pour la veuve la succession de l'orfèvre, et trouvé l'acquéreur de sa maîtrise. Pendant ce temps, les deux femmes dévouées, Fleur et Marianne, ne restaient pas inactives. A force de démarches, la mère de Robert obtint qu'on lui confierait des broderies. Fleur, qui réunissait les guipures aussi bien qu'une Italienne, reçut une commande de l'un des riches couvents de la ville, et bientôt, pendant la durée de l'absence de Robert, l'intérieur de cette maison eut l'aspect d'un atelier.

On se levait avec le jour. Si jamais, dans un autre temps, on avait accordé quelque chose à la paresse, depuis qu'il s'agissait d'acquitter par le labeur une dette sacrée, chaque heure, chaque minute représentait une torture du captif de Tétouan. Le déjeuner se composait uniformément d'une soupe maigre pour Robert, d'une tasse de lait pour Fleur et Marianne. On échangeait rapidement quelques mots ; Justin embrassait sa mère, disait adieu à Fleur et descendait. Dans la rue, il hâtait le pas. L'exactitude réjouit les maîtres, et le salaire s'en ressent ; à défaut d'une gratification en espèces, il est certain que les progrès de l'ouvrier zélé augmentent en proportion de son aptitude.

Les deux femmes s'asseyaient dans l'embrasure de

la fenêtre en face de leurs métiers. L'une tirait l'aiguille et reproduisait des fleurs en relief; l'autre enchaînait des festons et croisait des fils, inventant ces dessins de guipure de Venise qui ressortent si merveilleusement sur les velours et les lourdes soieries. Le plus souvent elles s'entretenaient du passé. Un mot, un nom, un rayon de soleil, une fleur, un couplet entendu, la vue d'un matelot leur rappelaient le cher absent. Bien des fois sans doute il les avait quittées; l'isolement n'était point nouveau pour elles. S'il ne s'était agi que de vivre loin de lui pendant un an, deux ans même, elles auraient uni leur patience et leur tendresse pour résister à cette épreuve. Mais le savoir esclave! Et de quelle manière l'était-il devenu? Elles se représentaient cette épouvantable tragédie dans ses détails navrants; elles suivaient l'action courageuse, elles assistaient à la défaite du brave et malheureux Robert.

Il commandait un gentil navire appelé la *Mouette,* léger, coquet, capable de dépasser des bâtiments d'un tonnage supérieur; jouant plutôt qu'il ne luttait avec la mer. Il avait été construit sous les yeux et par les soins de Robert. Chaque planche de sa coque, chaque partie de son gréement, chaque voile et chaque bout de filin, représentait une des économies du marchand. Avoir un petit navire à lui, le diriger, le lester, le commander à son gré, telle fut longtemps son ambition. Le jour où la *Mouette* fut lancée à la mer, il pleura de joie. La *Mouette* devint à ses yeux sa fortune, son fétiche, son amie, sa seconde patrie. Dans la cabine qu'il y habitait, les portraits de sa femme et de son fils, plus tard celui de Fleur, lui rappelaient sans cesse les êtres chers qu'il avait quittés. Il effaçait chaque soir un jour sur un calendrier, afin de se prouver qu'il se rapprochait d'eux. Dans les villes étrangères, tout ce qu'il trouvait de joli, d'élégant, il eût souhaité l'acquérir pour ce qu'il aimait; si, pareil au marchand d'Olmutz, il se contentait souvent d'une rose, c'est qu'il connaissait la simplicité de Fleur et de Marianne, et savait bien que ni l'une ni l'autre ne consentiraient à se départir de sa façon un peu austère de se vêtir; cette gravité leur séyait si bien. Fleur rayonnait sous sa robe de toile. Marianne imprimait l'affection et le respect avec ses airs de matrone chrétienne souriante et cependant sérieuse.

Les matelots de la *Mouette* aimaient la famille du capitaine. A chaque voyage, des graines rares, des oiseaux étrangers étaient offerts par les braves gens aux deux charmantes femmes. Elles se montraient bonnes sans familiarité; mais si, durant leur absence, une mère, une aïeule, un enfant, une sœur éprouvait le besoin d'un secours ou d'une consolation, le chemin de la maison Robert était connu de tous. On y allait avec confiance; on en sortait le cœur rasséréné et le sourire dans les yeux, sourire parfois encore mouillé d'une larme. Aussi, devant les mauvais jours, quand le mistral soufflait, quand la tempête grondait et soulevait les vagues, les mères, les femmes des matelots ne se contentaient point de prier Dieu pour les leurs, elles n'oubliaient jamais le capitaine de la *Mouette* et sa famille. Il faut bien que l'épreuve soit l'une des conditions de la vie pour que Dieu semble parfois ne pas entendre les supplications de ceux qu'il préfère : **les pauvres, les humbles, les petits!**

La tempête plus d'une fois avait secoué la *Mouette;*
des rocs ouvraient des voies d'eau, le vent enlevait
un agrès, un lambeau de voile s'en allait déchiré,
fouetté, lacéré par la tempête, on se remettait gaiement et vivement à réparer le dégât; et, l'éclaircie
venue, on ne pouvait se douter que le navire avait
souffert une avarie. Les pirates semblaient le respecter. Les grappins d'abordage n'avaient jamais accroché ses bastingages. On ne songeait jamais à bord
aux écumeurs. Si on racontait quelque histoire
dans laquelle les forbans apparaissaient, on les traitait
un peu à la façon des géants et des ogres; on en riait
plus qu'on n'y croyait.

Il fallut que la *Médine* donnât à la *Mouette* une
chasse effrénée, que le bâtiment de Robert, écrasé de
voiles, favorisé par le vent, se vît cependant atteint et
rejoint par la *Médine,* pour que l'équipage crût à la
possibilité d'une attaque. Le premier coup de canon
n'excita que la stupeur. Le second réveilla l'énergie.
Mais la *Mouette* possédait seulement deux petites pièces,
et l'unique ressource de Robert fut de courir sur les
pirates, afin de combattre corps à corps. Les matelots

étaient braves. On avait au fond du navire des armes variées, quelques haches un peu rouillées faute de service, mais capables d'entr'ouvrir les crânes des mécréants. Les marins, aveuglés par la colère, les brandirent avec une énergie sauvage. Ils se ruèrent sur les pirates, frappant du dos, de la lame, de la pointe, du manche, blessant, tuant, massacrant avec une rage inouïe. Si la valeur eût suffi, ils auraient sans aucun doute gardé l'avantage; mais à bord de la *Médine* se trouvait le double d'hommes aguerris, bien armés, et voyant dans la bataille non pas une question d'honneur et un point de vaillance, mais un gain à prendre et une prise à dévorer. Robert entouré, blessé, se défendit comme un lion. On ne pouvait l'abattre, on le captura lâchement. Un lacet jeté autour de son cou lui coupa brusquement le souffle; on le renversa sur le pont; une minute après, garotté et jeté à fond de cale de la *Médine;* il voyait devant lui se dérouler l'horrible perspective de la captivité.

Le courage ne l'abandonna pas cependant. Souffrir n'était rien, pourvu qu'il gardât l'espoir de revoir sa famille. Il savait qu'une fois débarqué on le vendrait à un maître; celui-ci fixerait le chiffre d'une rançon, et Robert attendrait que sa femme et son fils réalisassent la somme exigée.

Tout se passa ainsi qu'il l'avait prévu. Seulement, on le prisa haut l'honnête Robert! deux mille écus composaient une fortune, et il resterait ruiné; à quelques pistoles près, il pouvait calculer ce que Marianne et Fleur trouveraient du mobilier et de leurs bijoux. Il faudrait attendre... attendre plusieurs années peut-être! L'avenir de son fils était perdu, celui de Fleur compromis; Marianne pouvait mourir de désespoir... quand il reviendrait à Marseille, il trouverait un foyer éteint, une maison vide! Non! non! Dieu sait récompenser amplement après les rudes épreuves. Ni ses enfants ni sa femme ne désespéreraient de sa bonté. Il rentrerait au milieu de sa chère famille, et serait l'objet d'un amour et d'un respect d'autant plus grand qu'il aurait souffert davantage. Il pourrait écrire. Ses lettres, en lui permettant d'épancher le trop-plein de son cœur, enlèveraient à sa souffrance toute son âcreté. On lui répondrait. Les âmes continueraient à s'entendre. Non! il ne devait point se laisser abattre! Ce fut sous l'impression d'une douleur résignée qu'il annonça à sa femme et à ses enfants dans quelle situation il se trouvait. Il s'attendait à la réponse qu'il reçut. Elle lui donna de nouvelles forces morales. En sachant bien qu'il ne souffrirait pas seul, mais en acquérant surtout la certitude que l'on travaillerait à sa délivrance, il lui sembla à chaque heure du jour distinguer dans un autre ordre de choses le bruit continu de la lime usant ses chaînes. Elles tomberaient un jour; des mains aimées les détacheraient de ses bras meurtris. Robert, le noble enfant, renonçait à ses chères études, il abdiquait ses ambitions légitimes. Le fils seul survivait en lui. Du futur légiste il ne restait rien. Le jeune homme gagnait comme ouvrier et manœuvre la rançon du père, et jamais Robert ne se sentit plus fier et plus grand qu'en regardant ses doigts noircis de la noble poussière du travail. Pouvait-il se rebuter de sa tâche, négliger un avis, oublier une leçon? ses progrès s'escomptaient en argent; cet argent sacré, il le remettait à sa mère, et il tintait gaiement, saintement, dans la cassette où on le laissait tomber à la fin de chaque semaine.

Le jour de la paie donnait un moment de joie dans la maison. On comptait, on recomptait le pécule ; hélas ! on connaissait si exactement le chiffre précédent que l'on ne pouvait faire d'erreur ; mais parfois Robert recevait une gratification qu'il ajoutait à son salaire, et, en échange de cette surprise, il recevait un bon baiser de sa mère.

L'excès du travail la pâlissait un peu, mais elle lui semblait mille fois plus charmante.

Revoir Fleur et sa mère, reposait Robert de la plus rude journée.

Tous les découragements cédaient à leurs consolations, à leurs encouragements.

La mort de Jacquin affecta beaucoup Robert.

Le digne homme lui avait prouvé un intérêt sincère. D'ailleurs, comme toutes les natures affectueuses, Justin souffrait dès qu'il devait nouer ailleurs des relations nouvelles. L'idée d'entrer chez un autre orfèvre l'effrayait. Il avait beau se souvenir de la façon dont Bertrand lui avait parlé le jour où il débuta comme batelier, il se demandait si ce joaillier n'avait point oublié sa promesse. Au moment de quitter la maison pour se rendre chez Nicéphore, il hésita, embrassa Marianne à deux reprises, et descendit l'escalier, comme s'il s'attendait à éprouver une déception cruelle.

Il réunit tout son courage, invoqua le souvenir de son père et prit le chemin de la demeure de Nicéphore.

La boutique avait un grand air. Les dressoirs pliaient sous les vases ; les flambeaux, les plats, les aiguières, s'étageaient avec un goût artistique. Au comptoir trônait magistralement maître Nicéphore, regardant d'un air satisfait les magnificences qui l'entouraient.

Non loin d'une croisée, à travers laquelle il était possible de surveiller les mouvements de la rue, Zéline, tenant à la main l'*Astrée*, relisait pour la première fois ce roman impossible. Elle le tenait en main, plutôt qu'elle ne le lisait. Elle oubliait de tourner les pages, et son regard de plus en plus inquiet cherchait sans doute quelqu'un au milieu de la foule, car, lorsqu'il lui arrivait d'être dupe d'une illusion de ressemblance, elle fermait brusquement l'*Astrée*.

Enfin elle poussa un soupir de contentement, se leva rapidement, vint toute confuse se rasseoir, et perdit complétement contenance, quand un homme d'environ trente-cinq ans, vêtu d'un habit fané en velours bleu, portant au flanc une lourde épée à coquille, et soulevant légèrement de la main le bord de son feutre, fit irruption dans le magasin. Au même moment, Robert entrait et Agathe montrait sa figure majestueuse entre les portières séparant la boutique de la salle à manger.

Robert marcha droit à Nicéphore, tandis que le gentilhomme à l'habit bleuâtre se dirigeait vers la vitrine auprès de laquelle se trouvait Zéline.

— Que désire votre seigneurie? demanda gracieusement Agathe.

Le gentilhomme releva d'une main sa moustache, et porta l'autre à la garde de sa flamberge.

— Sandis! s'écria-t-il, les magnifiques saphirs et les beaux yeux! je mettrais volontiers les uns en agrafe à cette plume rebelle, tandis que j'enchâsserais les autres dans mon cœur. Par mes tourelles! comme disait le sire de Floustignac mon père, on trouve ici un magnifique choix de pierreries. Des perles en collier, des perles en guise de petites dents, c'est trop! beaucoup trop! montrez-moi, je vous prie, ces boucles de jarretières.

Agathe prit les boucles et les lui passa avec son plus gracieux sourire.

IV

Le sire de Floustignac.

Le sire de Floustignac était un homme long, maigre, basané, qui ne devait pas dîner tous les jours, mais qui achetait de fines pommades et soignait son jabot de point. Ses yeux gris respiraient la finesse, presque l'impudence ; ses lèvres sensuelles prouvaient sinon l'abus, du moins l'amour de tous les plaisirs, ses cheveux s'éclaircissaient sur le front. Il possédait une grande dose d'audace. On pouvait réclamer de lui toutes sortes de services ténébreux, pourvu qu'on fût résolu à les bien payer. Il n'aurait pas fallu étudier de trop près son existence aventureuse. Floustignac avait autant battu la grande route que l'ennemi. Il dîmait volontiers sur les voyageurs; les escortait facilement et réclamait avec courtoisie le prix de sa protection, si on n'accédait pas de bonne grâce, par les tourelles de ses pères ! il se mettait en état d'exiger ce qu'on refusait impoliment.

Ce type de gentilhomme sentant à la fois le parpaillot et le bandit a complétement disparu.

Ces chevaliers errants sont devenus des chevaliers d'industrie.

Les chemins n'étant plus bons, ils exploitent la grande ville et deviennent entrepreneurs d'affaires, banquistes, inventeurs ; leurs blasons décorent un prospectus au lieu de marquer le pommeau de l'épée. La plume demande ce que la pointe exigeait. On les trouve partout. Ils pullulent; sans demander votre bourse, ils la prennent en ayant l'air de vous obliger. Floustignac ne se faisait aucune illusion sur sa valeur morale. La seule qu'il conservât était relative à sa noblesse. Encore y avait-il un peu de vérité dans son fait : un sire de Floustignac, le premier, rendit un service à son seigneur, fit fortune, acheta une terre, et s'installa dans la ruine qui la décorait. Anobli simplement, il ne se contenta pas de cette distinction, s'entendit avec un imagier et composa un blason d'autant plus compliqué qu'il y avait moins de droit ; le tout fut surmonté d'une couronne à huit fleurons, et supporté par des chimères. Il mourut en léguant à son fils la masure paternelle, et quelques arpents loués à un honnête fermier, qui y faisait venir des olives et du blé. Dans la tourelle une seule pièce était habitable. Elle attenait à la chapelle et servit sans doute de sacristie au temps de la splendeur de la terre des Ravenols.

Floustignac II y transporta un lit monumental, quatre armoires, une table sur laquelle trôna un armorial des familles nobles de Provence, auquel on ajouta une page de supplément contenant la généalogie des Floustignac, et l'héritier s'installa dans sa taupinière, ayant pour unique valet, page et servant d'armes, Innocent Mauvret, un pastour du Morvan, tombé on ne savait pourquoi en pleine Gascogne.

Floustignac vivait sobrement. Innocent cultivait le jardin, élevait des poulets, un cochon, une vache, et remplaçait par son industrie les ressources absentes. Floustignac comptant quarante-cinq ans, trouva sa vie triste et sa masure déserte; son fermier approchait de la mort, il laissait une fille de vingt ans, belle et fraîche, Floustignac la demanda en mariage et l'épousa sans réfléchir. L'orgueil l'eût peut-être retenu, le malheureux! Si peu riche que se trouvât le fermier, le sire de Ravenols reçut pourtant une dot qui lui permit d'acheter un habit neuf, d'habiller Marion en dame du haut monde, et de faire repeindre les vitraux de la chapelle. Il profita de cette circonstance pour commander que ses armes remplaçassent l'écusson soutenu par l'un des anges.

Si Marion fit un mariage ambitieux, elle s'en trouva bien punie.

Le sire de Floustignac continua d'habiter l'unique chambre de sa masure, et la dame des Ravenols, obligée, vu la majesté de ses jupes, de rester à la maison, redemanda vainement son habit de futaine et ses souliers plats.

— Vous êtes une grande dame, répondit Floustignac, reprendre vos anciens habits serait me manquer d'une façon grave.

— Mais j'étouffe! j'ai besoin d'air! répétait Marion.

— Qu à cela ne tienne, Madame ma mie! Innocent est ici pour tout faire... sortez, promenez-vous! il tiendra la queue de votre robe!

— Si l'on me voyait, murmura-t-elle, les enfants du village riraient de moi.

— Ils seraient auparavant transpercés par l'épée de mes pères.

— Je resterai! murmura Marion, j'ouvrirai la fenêtre.

Et voilà comment la pauvre campagnarde devint prisonnière.

Une joie lui survint.

Elle eut un fils.

On lui donna le nom d'Amaury-Tancrède-César-Renaud de Floustignac. Le chevalier eut toutes les peines du monde à trouver un parrain et une marraine. Pour la solennité du baptême qui eut lieu après les relevailles de Marion, on massacra la bassse-cour, on acheta une livrée à Innocent, on donna une robe à la servante.

A l'église, le cortége avait assez bon air.

Innocent portait la traîne de madame. Floustignac avait fait reteindre la plume de son feutre. La marraine était une vieille fille oubliée dans une ferme seigneuriale; ruinée par les guerres de religion, douce et patiente, elle vivait au milieu des paysans qui l'avaient sauvée de la mort. Il lui restait peu de chose, un revenu viager et quelques bijoux. Sa rente la faisait vivre; ses bijoux lui rappelaient le passé! Elle ne recevait qu'un prêtre qui l'avait baptisée et un gentilhomme qui, blessé dans une escarmouche, portait allègrement une jambe de bois. Tous deux connaissaient peu le sire de Floustignac, mais Mathée, la fermière, avait vu Marion tout enfant. Lors de son mariage, elle la blâma; plus tard elle la plaignit, et voyant la malheureuse fille perdre ses bonnes couleurs et sa santé dans la taupinière de Ravenols, elle supplia mademoiselle Angelberge de Miramande de vouloir bien servir de marraine à l'enfant de Marion.

Le chevalier d'Assanval tint à honneur de devenir le compère de mademoiselle Angelberge, et Floustignac s'épanouit dans toute la joie du triomphe, en voyant deux noms aussi aristocratiques orner l'acte de naissance de son fils.

Trois ans après Marion mourut.

La veille, elle fit mander la marraine d'Amaury-Tancrède, et s'entretint longuement avec elle. Sa naïve ambition, ses peines, son mortel ennui, elle ne cacha rien, et ajouta avec une émotion qui gagna le cœur d'Angelberge :

— Floustignac est incapable d'élever son fils. Il le gardera à Ravenols comme il m'y a gardée, manquant de tout ce qui est nécessaire; pour donner à son enfant ce qu'il appelle une éducation de gentilhomme, c'est-à-dire lui apprendre à monter à cheval, à faire des armes, il le séquestrera sans pitié. Promettez-moi de veiller sur le pauvre enfant; monsieur le chevalier d'Assanval ne refusera point de vous aider dans l'accomplissement de cette bonne œuvre, et si vous avez en gré ma prière, je mourrai tranquille bénissant Dieu de vous avoir envoyée vers moi.

— Mourez donc paisible, Marion ; ni d'Assanval ni moi nous n'abandonnerons notre filleul. Floustignac nous permettra de l'instruire, et nous tâcherons qu'à défaut de grande noblesse, il garde toujours un cœur honnête et une conduite loyale.

Marion colla ses lèvres sur les mains de mademoiselle de Miramande.

Floustignac rentra.

La pauvre jeune femme lui dit adieu avec attendrissement.

En somme, il était plus maniaque que méchant. S'il l'avait rendue malheureuse, la préméditation n'entrait pour rien dans son fait. Il ne put lui-même se défendre d'un mouvement de sensibilité, Marion était restée fidèle et bonne. On lui apporta son fils. Elle le mit entre les bras d'Angelberge, et, souriant à Floustignac :

— Il faut une femme pour élever les enfants ; sa marraine deviendra une seconde mère.

Le lendemain elle n'était plus.

Floustignac vendit sur pied la récolte de son champ afin de payer à Marianne des funérailles convenables.

Il prit le deuil et s'absenta pendant six mois, prétextant l'excès de son chagrin, mais en réalité pour ne rien dépenser chez lui, au moment où il ne possédait pas une obole. Amaury-Trancrède-César-Renaud de Floustignac fut porté à la ferme de Mathée, et comme il était espiègle et gentil, d'Assanval et mademoiselle Angelberge s'y attachèrent vite.

Son père reparut au bout de six mois. Le crêpe de son feutre se changeait en loque; son habit noir rougissait. On était au temps des semailles et il ne pouvait rien toucher. Sous prétexte d'aller voir son fils, il dînait à la ferme, et y passait ses soirées. « L'enfant, disait-il, devait être laissé dans les mains des femmes; ainsi en agissait-on dans les maisons princières. Quand Amaury serait d'âge à recevoir l'instruction d'un gentilhomme, ce serait autre chose! Du reste, il se montrait d'une grande reconnaissance et d'une courtoisie parfaite à l'égard de mademoiselle de Miramande. Le chevalier d'Assanval l'intimidait davantage. Il n'osait guère devant eux se livrer à des gasconnades trop fortes. Ne pouvant parler du passé, il se rejetait sur l'avenir. Celui d'Amaury était gros de succès de toutes sortes. Son père ne lui permettrait jamais de faire ce qu'il avait, hélas! fait lui-même, une mésalliance ! et le sang des Floustignac coulerait de nouveau sans mélange dans des veines aristocratiques. On ne contrariait en rien le pauvre homme. Ces billevesées l'amusaient, le soutenaient l'aidaient à vivre.

Il mentait sans garder conscience qu'il disait un mensonge.

Ses rêves se changeaient en faits; à force d'y songer et d'en parler, il arrivait à se convaincre lui-même de la réalité des inventions de son cerveau.

Amaury ne s'accoutuma pas vite à ses moustaches rousses, à son épée battant ses jambes grêles, à sa voix rude.

Du reste Floustignac, après avoir surveillé l'ensemencement de ses terres, comme il disait, repartit de nouveau, et resta absent près d'une année.

Il revint aussi râpé que jamais, un peu las et malade.

Cette fois il parla en mal de l'organisation de l'armée, dans laquelle il ne devenait pas possible à de bons gentilshommes d'occuper tout de suite une place conforme à leur rang. Il osa même se fâcher contre le roi qui ne daignait lire les placets, et oubliait un peu de rendre la justice.

Le chevalier d'Assanval essaya de lui faire comprendre que, s'étant tenu un peu éloigné de la cour, il portait la peine de son exil volontaire. Floustignac s'osbtina dans son mécontentement. Il finit pourtant par accorder à mademoiselle de Miramande, chargée de pacifier les deux amis, que son mariage avec Marion avait ruiné son avenir. L'éducation sommaire de sa femme ne lui permettant pas de la présenter à la cour, il avait dû remplir avant tout ses devoirs d'époux, et se montrer bon et indulgent pour celle qu'il avait élevée à la dignité de compagne de sa vie.

— Mais mon fils! s'écriait-il, mon Amaury-Tancrède! je ne veux pas qu'il devienne comme son père, la victime d'une générosité extravagante.

— Soyez tranquille! répondait d'Assanval; je donne à cet enfant toute l'éducation que je possède moi-même; un savant abbé de mes amis suppléera au reste. Il monte à cheval avec aisance, abat une alouette au vol, tient l'épée d'une façon habile ; et si la fortune le maltraite un peu, il n'en sera pas moins un digne garçon, capable de se battre d'une façon brillante, comme de mon temps on se battait.

— Et il n'en sera pas moins seigneur suzerain de Ravenols, portant trois tours d'argent sur champ de gueules.

Amaury-Tancrède était presque toujours présent durant ces entretiens. L'enfant vif, intelligent, espiègle, portait une vive affection à mademoiselle Angelberge, adorait Mathée la fermière, vénérait le chevalier d'Assanval, mais avait pour son père un culte aveugle et une admiration profonde. Ses airs de capitaine, sa redoutable moustache, la colichemarde à coquille de fer qui semblait faire partie de sa personne, l'estime où il était de lui-même, sa braverie outrecuidante, la façon dont il prononçait son nom et alignait l'énumération de ses titres frappaient singulièrement le fils du pauvre gentillâtre. Il lui arrivait souvent de dérober le tablier rouge de Mathée et de le draper comme il voyait son père faire de son manteau couleur muraille. Pour son petit chapeau gris, il tira une poignée des plumes de la queue du beau coq de basse-cour, sans paraître s'inquiéter des coups de bec dont celui-ci le gratifia pour l'avoir humilié dans la plus resplendissante parure de son individu. Depuis ce jour, Amaury-Tancrède saluait en arrondissant la main et le bras pour soulever son feutre, et laissait traîner à terre les plumes du coq vernissées. Mademoiselle de Miramande riait aux larmes, Floustignac applaudissait gravement; le chevalier d'Assanval critiquait sans amertume.

Les absences du sire de Ravenols se multiplièrent.

Il resta même une année sans revenir à sa masure.

Inuocent jouissait du titre de fermier, cultivant et plantant à sa guise. Au retour de Floustignac, il remettait quelques pistoles à celui-ci, et jamais le noble châtelain ne parut se souvenir qu'il était tenu à faire quelque chose pour l'entretien de son fils. Il trouvait naturel que son parrain et sa marraine se chargeassent de lui.

Ils étaient âgés tous les deux. Le chevalier mourut le premier, laissant un testament par lequel il léguait ses bijoux et le contenu de sa bourse à son filleul, ajoutant qu'il priait mademoiselle de Miramande, de conserver le tout jusqu'à la majorité du jeune homme. Amaury-Tancrède pleura beaucoup le chevalier. Floustignac s'éleva contre la clause portant que les pierreries ne lui seraient point remises, ajoutant que le chevalier offensait la paternité, en ne le nommant pas gérant des biens de son fils. Mademoiselle de Miramaude le calma, affirmant que telle n'avait pas été la pensée de d'Assanval. Son amitié pour elle l'avait porté à lui donner cette marque d'estime qui n'attaquait en rien le caractère honorable de Floustignac. Elle feignit même de vouloir remettre au châtelain de Ravenols les bijoux et les cent quatre-vingts pistoles ; mais l'orgueil de Floustignac l'emporta sur la convoitise : il refusa noblement, quoique, ajouta-t-il il eût en sa possession le moyen de centupler avant une année l'héritage de son fils.

Amaury-Tancrède grandissait. Le séjour de la campagne lui devenait lourd. Les livres de chevalerie le grisaient. Il rêvait la gloire, les batailles, les sacs de villes. Il enviait les uniformes chamarrés d'or et les croix glorieuses. Devant ses yeux d'adolescents passaient aussi de grandes dames vêtues de satin et de dentelles lui souriant, et frappant ses doigts du bout de leur éventail de nacre Tout cela restait confusément dans sa tête à l'état de rêve. Les contours ne se précisaient pas, le tableau n'avait point de premier plan; ces perspectives n'en étaient peut-être que plus dangereuses. La raison de mademoiselle de Miramande ne parvenait pas à calmer ce cerveau exalté par les récits de son père. Pendant les courtes apparitions qu'il faisait chez Mathée, le sire de Floustignac ne cessait d'entretenir son fils de la noblesse de sa race, de l'ancienneté de son origine, des droits qu'il avait au commandement d'une compagnie. Devant le nom des Floustignac toutes les portes s'ouvraient; peu s'en fallait que le roi ne dît en leur parlant : — « Mon cousin ! » Il n'aurait qu'à choisir le jour où il lui plairait de quitter sa taupinière.

— J'ai toujours été sobre, modeste et désintéressé! répétait Floustignac; je pouvais demander que le manoir de mes pères fût relevé aux frais de Sa Majesté puisqu'il avait été détruit par des gens de la religion réformée; mais tout gentilhomme doit savoir se suffire ; ta noble mère, car elle avait un grand cœur si sa naissance laissait à désirer, me dissuada toujours de mendier en cour les créneaux abattus de Ravenols. Aussi tu jouiras des fruits de ma modération. Le même désintéressement sera ta fortune. Parti de cette ferme, tu peux et tu dois arriver à tout ! à tout, entends-tu bien ! — Les Floustignac sont les Floustignac !

Amaury-Tancrède possédait donc un grand sentiment de sa valeur nobiliaire.

D'Hozier qui achevait son travail sur les nobles maisons de France, ayant oublié les Floustignac, Amaury-Tancrède composa un mémoire de cent pages qu'il lui expédia à Marseille ; n'obtenant point de réponse, il s'adressa à l'Académie même de cette ville qui ne jugea point la chose de sa compétence, de sorte que les Floustignac continuèrent à manquer dans les généalogies provençales.

Floustignac rentra par une nuit de décembre à la ferme de Mathée.

Il etait atteint d'un coup de feu à l'épaule et souffrait d'une façon horrible.

Il raconta qu'une troupe de gens armés l'avaient attaqué; que seul contre quinze, il soutint l'assaut d'une façon si vaillante que six hommes tombèrent à ses côtés, mais que, accablé par le nombre, il était tombé sur la route où on le laissa pour mort. Profitant des ténèbres, il rampa le long des haies, se guida avec mille peines et de cruelles douleurs et parvint à gagner la ferme. Quels étaient ses ennemis? il l'ignorait. Dans son cœur il leur pardonnait, priant Dieu de lui faire également miséricorde.

Le chapelain, ami de mademoiselle de Miramande, confessa le sire de Floustignac. Plus d'une fois, en l'écoutant, il se signa; mais confiant dans la bonté du Christ, il donna pourtant l'absolution au pécheur.

Quel avait été le secret de l'existence vagabonde de ce gentilhomme routier? Nul ne le sait.

Sa mort servit dans tous les cas d'expiation à sa vie, et nous n'avons pas le droit d'être plus sévère que Dieu. Ajoutons encore une fois que les mœurs de ce temps gardaient un peu de la brutalité de la guerre, que les coups de mousquet et les coups d'épée s'échangeaient facilement, que la bourse de l'un devenait sans trop de scrupule la bourse de l'autre, que tel bravache attaquant un voyageur pour telle question de présence ou pour l'uuique poulet de l'auberge, pensait être le légitime possesseur des dépouilles du mort.

Floustignac mort, il fallait de l'indulgence pour sa mémoire et une croix sur sa tombe. Son fils se montra prodigue de la première, et Mademoiselle de Miramande se chargea de la seconde.

Amaury-Tancrède tint seulement à rédiger l'épitaphe : *Ci-gît très-haut et très-puissant seigneur* Guy-Raymond-Mérovée de Floustignac, *sire de* Ravenols *et autres lieux.* Ce devoir filial rempli, Amaury-Tancrède récita sur la fosse nouvelle toutes les prières que lui avaient apprises le chapelain et mademoiselle Angelberge de Miramande ; et attristé de cette mort soudaine, bien que le défunt ne lui eût jamais témoigné son affection paternelle qu'en paroles, il rentra à la ferme de Mathée le front assombri et le deuil au cœur.

Le souvenir des conversations de son père lui revenait à la mémoire. Son inaction lui pesa. Les regards qu'il jetait sur les vestiges de Ravenols excitaient en lui une irritation sourde. Il éprouvait le besoin de voyager, de promener son nom et d'égarer ses estocades. Cependant le dépérissement graduel de sa bienfaitrice le retenait à la ferme. Il n'osait abandonner sa marraine à des soins purement mercenaires. Elle remplaçait pour lui Marion, dame de Ravenols. D'ailleurs, si cette idée lui était venue, la résignation de mademoiselle Angelberge l'aurait chassé : Amaury-Tancrède, prêt à se révolter contre un joug, pliait à une prière. Il pouvait devenir vicieux, mais il n'était pas né méchant. L'esprit faussé prématurément n'avait point encore perverti le cœur.

Souvent la vieille fille, retenue au lit par ses souffrances, le gardait durant les longues heures de la soirée.

— Mon enfant, lui disait-elle alors, je ressemble à la lampe qui brûle sur cette table : un souffle, et vous la voyez s'éteindre ! j'ai soixante-quinze ans ! Ma famille moissonnée autour de moi, ma fortune dispersée par la guerre civile me laissent isolée et pauvre à mon lit de mort. Vous me tenez lieu d'enfant, d'amis, de parents ! J'aurais voulu vous laisser un état brillant, une situation faite et, moi partie, vous seul au

monde, vous restez sans protecteur et sans argent...
Ne vous illusionnez pas, Tancrède! votre père était
un homme possédant des qualités de bravoure, je
veux le croire, mais exagérant de beaucoup la splendeur de sa race. Votre mère, une pauvre et sage
créature, grandit dans la ferme voisine. Ravenols
se compose d'un coin de champ donnant juste assez
de blé pour vous nourrir, vous et le valet de charrue.
Quant au manoir, la chapelle subsiste seule, avec la
chambre de votre père. Le toit s'effondre, les orfraies
y nichent. Le domaine suffit à peine pour vous faire
vivre. Les pistoles du chevalier d'Assanval et ce que
vous léguera mon amitié vous procureront un équipement, c'est-à-dire un habit convenable et une monture. Mon avis est que vous partiez pour Paris dès
que vous m'aurez fermé les yeux. Employez-vous.
Faites non point la guerre de parti et l'escarmouche
d'aventure, mais engagez-vous dans l'armée du roi.
Pauvre, gardez la dignité de la pauvreté. Elle vous
vaudra l'estime des gens de bien et le contentement
de vous-même. Les premières places ne vous sont pas
dues. Sachez militer, si vous souhaitez parvenir.

Votre père ajoutait bien des branches rameuses à son arbre généalogique : vous en émonderez beaucoup, sans en valoir moins pour cela. La noblesse est chose respectable, et je ne la range point au nombre des fictions. Une suite d'ancêtres ayant servi l'État est digne de respect et peut être justement enviée ; l'origine de votre famille ne remontant point aux croisades, sachez être modeste quand il s'agira de noblesse.

Vous êtes un cadet, bien que seul descendant des Floustignac. Insinuez-vous, obtenez qu'on vous tolère, ne brusquez rien et ne vous imposez pas. Surtout, mon cher ami, ne prenez point en mauvaise part les conseils de votre marraine. Elle souhaite votre bonheur, ne le rendez pas impossible. La société, la ville et la cour, diffèrent bien de cette campagne. Il vous semblera que vous changez de contrée en quittant cette pauvre Gascogne. L'acclimatation de votre esprit deviendra sans doute nécessaire. Si elle est rude ne vous effrayez pas. Que ne puis-je vous guider, vous suivre ! Vous aurez besoin d'aide et d'amis, Tancrède, et votre ignorance du monde et des choses vous peut grandement induire en erreur. Jugez les hommes lentement ; ne donnez pas légèrement votre parole ; sans souffrir les insultes, dédaignez l'injure. Ne croyez pas que la pointe de l'épée équivaille au bon droit. Conservez saine et droite votre conscience. Si vous le pouvez, montrez-vous gentilhomme, mais n'oubliez jamais que vous devez rester honnête homme et bon chrétien !

Les yeux de Tancrède se remplirent de larmes.

Le bon sens de mademoiselle Miramande pénétrait son cœur. Cette vieille fille pâle, exténuée, trouvait dans son affection la force nécessaire pour consoler celui qu'elle laissait orphelin. Avec sa profonde sagacité et sa grande connaissance des hommes, elle devinait que son filleul cachait une vanité mauvaise presque aussi grande que celle de Floustignac défunt.

Angelberge ne s'était pas abusée sur la moralité d'existence du père de Tancrède.

Elle l'avait vu d'une façon aussi sûre que si elle l'eût suivi dans ses courses aventureuses, se mêlant à des bandes d'Italiens détrousseurs, aidant des contrebandiers à la fraude, cachant dans d'obscurs réduits des gens mal avec la maréchaussée; protégeant, attaquant, vendant, prenant, cumulant les métiers pourvu qu'il y eût de l'argent à recevoir, des pintes à vider et un peu de bataille.

Il faut le comprendre, cette époque n'était nullement tranquille.

L'attaque était dans les mœurs, les édits du cardinal Richelieu étaient restés impuissants; le duel était une mode, une fête, une maladie. Et ce n'étaient point les ennemis seuls qui se battaient; sur le terrain les témoins se transformaient en adversaires. A quatre, huit, seize, on luttait, on frappait de la pointe, pour un mot, un signe, un ruban d'une couleur, une aigrette, un sourire, une opinion littéraire. On acceptait toutes les raisons, on admettait tous les prétextes. Dans la province, les haines éveillées par les guerres de parti doublaient ces éléments de discorde. Le catholique en voulait toujours au huguenot. Si on se défendait d'appartenir à la religion réformée, il suffisait qu'on vous trouvât tiède. Les reîtres subsistaient, sinon enrégimentés par troupes, du moins rassemblés par bandes. Les écorcheurs du temps de

Charles VII, les routiers, et les compagnons habituels de Floustignac père avaient donc exercé à peu près la même industrie sauvage, attentatoires aux lois comme aux personnes.

Mademoiselle de Miramande pensait que Tancrède n'étant point d'assez bonne race pour faire partie du corps comme les mousquetaires, se croirait blessé, méprisé, et deviendrait une sorte d'aventurier.

Elle employa donc ses forces dernières à lui parler avec une affectueuse sollicitude.

Certes, tandis que, penché au chevet de la mourante, Tancrède l'écoutait ainsi, maternelle, douce et prévoyante, il se promettait de suivre de point en point ses avis et de se montrer digne de ses bontés. Les morts successives qui lui ravissaient son père et ses amis, ébranlaient si elles ne déchiraient pas son cœur. Mademoiselle Angelberge consolée par le chapelain, et consolant à son tour la pauvre Mathée, expira après un mois de langueur.

Tancrède passa près de son lit la veillée funèbre. Le lendemain il commanda le convoi et le voulut semblable à celui de son père et du chevalier.

La sainte marraine eut sa place près de ceux qu'elle avait aimés et protégés. Sa fosse était voisine de celle de Marion la fille de ferme ; et lorsque Tancrède se rendit au cimetière, il retrouva tous les siens réunis après le trépas comme il les avait vus pendant la vie.

Une sorte de lassitude s'empara de lui. L'isolement l'envahit. Le cœur lui manqua. Il s'était dit souvent :
— Quand je serai libre ! La mort l'avait rendu seul, tout seul, et durant un hiver entier il resta dans sa ruine de Ravenols, sans avoir le courage d'abandonner son nid d'orfraie et son morceau de terre.

C'est que si modestes que fussent ses amis, ils avaient connu Marion, Guy de Floustignac, le chevalier d'Assenval et mademoiselle de Miramande.

Au printemps cependant il pensa qu'il fallait prendre parti.

Sa fortune était mince. Trois cent vingt-deux pistoles, les meubles laissés par sa marraine et les bijoux du chevalier, tel était le total des successions par lui recueillies.

Les bijoux consistaient en une paire de boucles de jarretières, une agrafe de chapeau, une décoration militaire, une bague portant un rubis assez beau et une croix finement émaillée. Les dentelles de mademoiselle de Miramande furent soigneusement blanchies par Mathée, afin que M. de Floustignac les pût faire employer à l'ornement de chemises de batiste, cravattes et manchettes. Quant au cheval, Tancrède acheta celui de la fermière vingt pistoles. Il choisit une des paires de pistolets du chevalier, une épée moins lourde que celle de son père, et vêtu d'un habit noir parementé de jais, il quitta un matin la terre de Ravenols, après avoir fait à Innocent des recommandations nombreuses, et supplié Mathée d'entretenir des fleurs sur les tombes de la famille.

Tancrède acquit vite une idée de l'étendue de la France. Il s'étonnait un peu de tout, se laissait duper dans les auberges, liait connaissance avec des hommes à mine équivoque, et ne cachait à personne que, jugeant convenable de ne plus bouder la cour, il se rendait dans la capitale pour se mettre à la tête d'un régiment dont la lieutenance venait de lui être accordée.

Après beaucoup de fatigue, d'ennuis, de déboires, il arriva à Paris.

De lettres de recommandation il n'en possédait point, mais il ne s'en inquiétait pas davantage.

En dépit des paroles de mademoiselle de Miramande, et se souvenant trop des vanteries paternelles, il s'imagina que son nom lui ouvrirait toutes les portes.

Il ne parvint pas toujours à le pousser dans les antichambres.

Quand on voyait ce grand Gascon au nez busqué, à l'œil fin, aux lèvres minces, à l'habit suffisamment râpé, sans valet et sans suite, et flairant le solliciteur d'une lieue, on l'éconduisait poliment la première fois, la seconde on se montrait un peu aigre, la troisième on fermait la porte.

L'argent diminuait dans l'escarcelle. La lieutenance se faisait attendre. Tancrède s'associa à des hommes suspects, joua et vécut du jeu, hanta les cabarets, et devint une sorte de soudard à qui il fallait parler bien matin pour être sûr de le trouver à jeun. Les dés, les cartes, les bouteilles, des batailles de tous genres, des mêlées, des conspirations avortées, des armements démentis, des aventures dans lesquelles on courait risque de la vie et on hasardait son honneur, il essaya de tout sans parvenir à faire fortune et surtout à prendre au soleil une place honorable. Dix ans se passèrent. La vie que menait Amaury-Tancrède l'use vite. L'idée ne lui était pas venue de retourner à Ravenols. Tous les ans il recevait une lettre de Mathée et quelques pistoles qu'Innocent lui faisait tenir. Enfin, une sotte affaire lui ayant fait avoir maille à partir avec les soldats du guet, il les rossa, parvint à s'échapper, et prit la route de Marseille, s'en allant à petites journées comme un honnête homme qui n'a rien à démêler avec la justice.

Le fait n'était point assez grave pour qu'on se préoccupât beaucoup de sa fuite. On le laissa donc paisiblement continuer sa route. Il mit trois années pour se rendre de Paris à Marseille. Il est vrai de dire qu'il visita toutes les villes placées sur son chemin, fréquenta les meilleures auberges, joua comme toujours, mais avec un peu plus de succès, et arriva dans l'ancienne Phocée avec une bonne escarcelle et plus d'espérance que jamais. Maintenant il ne songeait plus à obtenir du service; il ambitionnait un mariage assez avantageux pour lui permettre de vivre en grand seigneur, les bras croisés, regardant la mer et racontant à sa femme, puis à ses enfants, les hauts faits et prouesses des sires de Floustignac, de Ravenols et autres lieux. Son séjour à Paris lui avait prouvé que, contrairement à ce que lui promettait son père et à ce que contenaient les romans de mademoiselle de Scudéry, les aventures avec de riches héritières, les amours princières, les mariages inespérés ne pleuvaient pas. On n'avait jamais glissé dans sa main de billlets mystérieux; aucune veuve ne tenta de renoncer pour lui à la tranquillité de sa situation nouvelle. L'éclat de son nom ne subjuguait aucune des nobles filles qu'il voyait. Le passé lui revint à la mémoire, il se souvint du mariage plébéien de son père.

« Hélas ! pensa-t-il, les Floustignac n'ont pas de chance du côté des femmes, et la mésalliance paraît devoir être héréditaire dans la famille. Mon blason est assez grand pour deux à la vérité. Mon père honora de son choix une simple fille des champs, je tâcherai moi de me marier à une honnête enfant, dont les parents auront gagné la dot dans le commerce. A Marseille, le négoce n'entraîne pas plus qu'à Gênes la déchéance de noblesse. Je pourrai donc habiter chez mon beau-père; quelques centaines de pistoles me permettront de relever les murailles de Ravenols, et je finirai tranquillement une vie, hélas! inutilement agitée. »

Sur cette belle et sage résolution, Tancrède s'endormit.

Le dimanche suivant, il se promena avant la messe dans le voisinage de la Mayor, regardant attentivement, non plus les nobles jeunes demoiselles, mais les filles de la bourgeoisie.

Il étudiait leur visage, leur toilette, leur allure.

Zéline le frappa.

Sa robe voyante et prétentieuse, sa façon de la relever, la manière dont elle affectait de regarder la foule, le sourire qu'elle décocha à Tancrède en se voyant l'objet de son attention, tout lui prouva qu'il pouvait jeter le filet et qu'un poisson restait à prendre. Il ignorait encore que le poisson était d'or massif.

Il se plaça derrière le banc des Bertrand, demeura debout près du bénitier pour voir redescendre la fille du marchand, il la suivit de loin, reconnut la maison du joaillier, et se promena pendant un quart d'heure du côté opposé de la rue.

Zéline cachée derrière les rideaux l'observait.

Le lendemain le gentilhomme plus soigné, plus parfumé que jamais, flânait devant les boutiques.

Il s'arrêta en face de l'étalage des *Bijoux de Vénus*.

La jeune fille comprit qu'il la regardait bien plus que les pierreries, et le soir elle disait à sa mère en rougissant:

« Je ne veux pas avoir de secret pour toi... »

— Avoue tout ! s'écria la mère.

— Un gentilhomme m'a remarquée.

— Un gentilhomme !

— J'en suis sûre.

— Quand?

— Dimanche.

— Où?

— Sur la place de la Mayor.

— Et tu l'as revu?

— Tous les jours.

— Comment cela se fait-il ?

— Quand je suis dans la boutique, il se promène et me regarde.

— Un gentilhomme ! mon rêve maternel. Il faut bien que je te confesse, ma fille : je ne donnerais jamais mon consentement à ton mariage s'il s'agissait d'un bourgeois, d'un marchand. Je veux que tu sois heureuse, complétement heureuse ! plus heureuse que ta mère !

— Dans les romans, comment finissent ces sortes d'aventures ?

— Le jeune seigneur fait sa cour de loin, comme celui-là, ensuite il écrit à la famille où il se présente lui-même sous un adroit prétexte.

— J'aimerais mieux cela ! dit Zéline.

Le lendemain Agathe et sa fille guettaient toutes deux le chevalier de Floustignac, l'une de la boutique, l'autre de la fenêtre du premier étage.

Voilà pourquoi, à peine Amaury-Tancrède s'était-il avancé vers Zéline, que la figure majestueuse d'Agathe apparut.

L'impression fut favorable.

Floustignac jugea la fille orgueilleuse et romanesque, la mère vaniteuse et un peu folle... Le père lui parut moins facile à séduire. Le bon sens s'unissait à la simplicité dans la personne du vieil orfèvre.

Nous avons vu que Floustignac demanda de sa voix la plus douce à voir des jarretières et une agrafe pour son feutre, la sienne étant un peu passée de mode.

Les deux femmes bouleversèrent toute la boutique afin de trouver quelque chose qui fût digne de M. le comte Tancrède Floustignac de Ravenols; mais l'aventurier étant à l'avance bien résolu de ne pas vider sa bourse, ne trouva rien à son goût. Il se répandit en compliments sur la beauté de Zéline, sur la fraîcheur de sa mère, sur la douceur du climat de Marseille.

— Vous n'habitez pas cette ville depuis longtemps? demanda madame Bertrand.

— Je la traverse.. Entendons-nous... je la traversais... Sur une lettre de mon intendant qui me mandait à ma terre de Ravenols, j'ai tout de suite donné ma démission de lieutenant de mousquetaires, et j'ac-

courais au galop de mon genêt d'Espagne... quand...
voyez les hasards d'une destinée aventureuse, j'ai fait
un pélerinage qui m'a porté bonheur... une force inconnue me retient sur le rivage, et la terre de Ravenols peut attendre! mon cœur seul est impatient!

Cette phrase accompagnée d'un regard incendiaire fut décochée à Zéline comme un trait vainqueur.

Elle rougit, un sourire effleura les lèvres du Gascon, et Zéline perdit tout à fait contenance. Tancrède jugea qu'il avait produit un effet suffisant; et, joignant la discrétion à la galanterie, il salua courtoisement les deux femmes et sortit de la boutique.

Nicéphore fit peu attention au gentilhomme, il causait affectueusement avec Justin Robert.

Quant aux deux femmes, elles montèrent aussitôt dans la chambre du premier étage.

— Eh bien! ma mère? demanda Zéline.

— C'est une passion, répondit Agathe.

— Il a trouvé le prétexte.

— Fort adroitement.

— Et que doit-il faire?

— S'expliquer, cela me regarde.

— Ah! ma mère! tu as entendu... comte de Floustignac de Ravenols...

— Et puis il a un beau nom : Tancrède...

— Et comme il dit avec majesté cette phrase agréablement accentuée : — Par les tourelles de mes pères!

— La belle chose que la noblesse! soupira Zéline! Je porterais une montre avec une couronne de brillants, des bagues surmontées de couronnes; on mettrait mon blason partout! et les serviteurs m'appelleraient madame la comtesse de Ravenols... Comptes-tu en parler tout de suite à mon père?

— J'attendrai la demande du seigneur de Floustignac.

— C'est aussi mon avis, mais mon père pourrait-il bien refuser son consentement?

— Il le pourrait, ma fille.

— Même si j'insiste, si je déclare que mon existence est attachée à cette union?

— Ne crains rien, chère enfant, je suis là! Ta cause est la mienne ; et deux femmes sont bien fortes. Ton père a des vues étroites et une grande obstination, cependant je l'ai jusqu'à ce jour amené à faire un peu ma volonté. Espère donc, confie-toi dans la tendresse de ta mère, songe que tes ambitions m'ont autrefois dévorée, et que je ne saurai me consoler de les avoir perdues qu'en étant témoin de ta félicité.

A partir de ce jour, Bertrand ne comprit rien au changement d'humeur de sa femme. Elle était acariâtre, elle devint douce et d'humeur facile; on caressa, on choya, on gâta le bonhomme, et pour la première fois depuis trente ans Nicéphore se répéta avec la douleur consciencieuse d'un honnête homme :

« Aurais-je donc été injuste envers ma femme? c'est un trésor, un ange, une merveille! Et ma fille... Eh! mon Dieu, c'est bien naturel, Zéline est sa fille, la mienne, un ange aussi! »

L'intérieur de Bertrand n'avait jamais été aussi agréable. Le vieux joaillier se frottait les mains, se souriait dans toutes les glaces de sa boutique, tapotait les mains de sa fille, faisait à sa femme de menus cadeaux, et s'épanouissait dans sa félicité bourgeoise.

Autrefois quand il parlait on lui coupait la parole sans scrupule ; maintenant on l'écoutait, on l'approuvait.

Il possédait un bon sens rare, il disait des mots spirituels. Ses idées sur l'art, la ciselure, l'orfévrerie, étaient seules justes ; il restait en dépit de ses rivaux l'unique marchand de Marseille chez qui l'on pût assortir une parure et choisir un écrin.

Naturellement Robert devint le confident de Nicéphore.

« Mon ami, lui disait le bijoutier, il ne faut pas juger le mariage légèrement. Les premières années sont parfois orageuses, mais le calme en paraît plus délicieux. Moi, par exemple, j'avoue avoir répété cent fois : — Agathe est quinteuse, fantasque, elle ne me respecte pas, elle ne m'aime... Oui, mon cher Robert, j'ai été jusqu'à dire : Elle ne m'aime pas ! Quelle erreur, cependant ! Vois avec quelle déférence elle me parle... Et Zéline : « Père chéri par ci, bien-aimé père par là ! Je suis persuadé qu'elle refuserait le plus brillant mariage si elle était forcée, pour suivre son mari, de quitter la ville de Marseille ! »

Robert ne partageait pas les illusions paternelles de son maître.

Son regard fin avait vu jouer la comédie du faux chaland.

Tous les jours Floustignac passait devant la bouti-

que, répétant ses stations devant les diamants et les
bijoux émaillés. Sa physionomie déplaisait à Robert.
Depuis l'épisode des boucles, Zéline redoublait de
soins pour sa parure. Les habits de taffetas que, jusqu'à cette heure, elle mettait les jours de fête ou de
grand gala dans la famille, elle les revêtait pour venir
trôner dans son fauteuil, en face de la vitrine, tenant
à la main son éternel volume et lisant simplement la
chronique des gens qui passaient dans la rue. L'attitude de Floustignac satisfaisait et tourmentait à la
fois la mère et la fille. Certes, il agissait en respectueux gentilhomme ; sa flamme restait discrète. Il la
témoignait par son assiduité seule, et ne se présentait
même plus dans la boutique, quand il lui eût été si
facile de demander des drageoirs, des bagues, des
boutons d'habit. Si sa fortune n'était pas au niveau de
sa naissance, on lui eût montré comme les pièces cu-
rieuses d'un musée les plus charmants bijoux des
vitrines. Il se contentait de jeter un long regard sur
Zéline, de faire à la mère le geste d'un profond salut,
et il passait. Son attachement romanesque ne pouvait
être mis en doute. Son séjour à Marseille en était la

preuve. N'avait-il point parlé des affaires importantes qui l'appelaient à Ravenols, et n'ajouta-t-il point avec un regard achevant sa pensée : « Qui sait, pourtant, si j'aurai le courage de partir?» — Son silence provenait d'une délicatesse extrême, exquise, presque exagérée.

Combien Agathe et sa fille l'appréciaient!

Leur entretien roulait uniquement sur lui.

La mère semblait plus séduite encore que Zéline. Elle avait lu un plus grand nombre de romans. Mariée fort jeune, et restée fidèle à Bertrand, elle n'avait péché, la pauvre et un peu folle créature, qu'en enviant le sort des femmes titrées. Du jour où elle eut une fille, elle se promit une revanche dans l'avenir. A mesure que grandit Zéline, elle lui fit part de ses rêves, lui raconta ses douleurs imaginaires, lui jura que jamais elle n'épouserait un roturier, et monta elle-même l'imagination de sa fille au point que l'héritière de Pombal, à l'enseigne des *Bijoux de Vénus,* se jura de ne donner sa main qu'à un gentilhomme.

Zéline ne manquait pas d'un bon sens relatif. Devenir la femme d'un homme titré, cela était possible, mais à la condition de se montrer indulgent pour la question secondaire de la fortune. Zéline n'était point jolie, son miroir le lui répétait chaque matin. Son futur devait céder à l'attraction de la dot : ce n'était donc jamais du côté des jeunes gentilshommes élégants, rutilants d'or et de broderies, de perles et de diamants, que se portaient ses regards.

La noblesse besogneuse l'attirait davantage. Les blasons dédorés fraterniseraient plus vite avec l'enseigne de son père. Il lui suffisait que le blason existât. L'habit fané, les dentelles reprisées, la plume reteinte, le manteau éraillé de Floustignac n'échappèrent point à son attention. Ils lui prouvèrent victorieusement que l'amoureux transit dont le visage anguleux se collait quotidiennement à sa vitrine, réalisait sous tous les rapports le programme qu'elle s'était tracé. Autant que tout autre fille elle aurait aimé un noble seigneur doué de tous les avantages, mais la raison faisait taire ses exigences, et pour peu que Floustignac possédât réellement le droit de jurer par es tourelles de ses pères, il lui convenait, et elle l'épouserait sans répugnance.

Le Gascon ne se hâtait point de faire sa demande. Ses finances diminuaient cependant. On commençait à le connaître dans les tripots, et il devait à tous les cabaretiers de la ville. Mais il voulait se faire désirer. Il laissait les deux femmes rêver l'honneur de son alliance; il les réduisait presque à en désespérer. Ne pouvait-il pas plus tard rejeter ses lenteurs sur sa timidité, sa crainte d'être repoussé, son indignité d'un bonheur semblable. Pendant ce temps, il écrivait à Innocent de quitter la ruine de Ravenals, de louer ou d'acheter à bas prix un petit cheval, même un âne, si cette monture pouvait suffire, et de le rejoindre au plus vite à Marseille, où il l'attendrait chaque soir au cabaret du *Pot d'or*. Un valet n'est point de trop dans une circonstance aussi grave qu'un mariage. Il fallait d'ailleurs quelqu'un pour porter ses messages. Innocent ne parut point enchanté de quitter Ravenols pour Marseille; en dépit des pompeuses promesses de son maître, il n'augurait pas grand'chose de bon du fils de Floustignac. Mais l'ordre était formel; il se soumit, vendit le blé du champ, et la cueillette des olives, acheta un vieux cheval, l'enfourcha et fit le trajet à petites journées.

Les pistoles de Floustignac tiraient à leur fin. Il ne buvait plus le soir au *Pot d'or* que des vins vulgaires, indignes du palais d'un gentilhomme. Aussi, son humeur tracassière devenait-elle de plus en plus aigre. Tout regard lui semblait une insolence. Il paraissait attendre une querelle et demander à chaque buveur de lui fournir l'occasion de se refaire la main. On ne l'aimait guère. Il ne jouait même plus aux dés avec les habitués, et ne parvenait à organiser une partie qu'avec les nouveaux venus. Un soir, plus rogue que jamais, les coudes appuyés sur une table, une bouteille à moitié vide en face de lui, il réfléchissait à sa situation précaire, s'impatientant du retard d'Innocent, s'inquiétant du manque de finances, quand un soldat à l'air éveillé, à la voix éclatante, s'attabla près de lui, frappa rudement sur la table, et demanda un broc de vin.

Floustignac, dérangé dans sa rêverie, regarda le soldat de travers, celui-ci éclata de rire au nez du Gascon, et recevant des mains de la servante le broc demandé, il l'éleva jusqu'à sa bouche et avala une gorgée de vin.

— A votre santé, mon gentilhomme ! dit-il à Floustignac.

Celui-ci porta vivement la main à son épée.

— Qui vous a permis de boire à ma santé?

— Mon bon cœur, palsambleu ! On dirait que vous venez de porter le diable en terre, ou de lui tirer la queue, de telle sorte qu'il vous reste tous les poils dans la main ! L'homme triste est un homme malade, et je suis trop excellent chrétien pour ne pas souhaiter sa guérison, et y contribuer si j'en étais capable.

— Seulement vous n'en êtes pas capable, répliqua Floustignac.

— Si je vous expliquais mon système?...

— Pour gagner de l'argent?

— Non, aucun système de philosophie, quand j'en manque... Mon gentilhomme, car je sais que vous êtes gentilhomme, je suis tout simplement dans le même cas que vous... Ma bourse est vide, et je me demande ce qu'il faut faire pour la remplir... C'est-à-dire, je ne me le demande pas, je le sais...

— Je n'ai pas besoin de l'apprendre, dit brusquement le sire de Ravenols.

— C'est possible, mais cela me distrairait de vous raconter... Comme vous me semblez avoir des préventions, je me nomme Jean de Gourin, fils aventureux d'une noble famille, vulgairement appelée Francœur, et caserné dans une île... Vous voyez que nous pouvons nous entendre.

— Mon nom est Floustignac de Ravenols !

— Enchanté ! je suis ruiné ; tellement ruiné que je me suis engagé en supprimant mes titres, et que je porte un vulgaire mousquet et la simple casaque que vous voyez... Mais si des procureurs avides, d'accord avec des collatéraux intéressés, m'ont ravi l'héritage de mes pères, je le reprendrai, palsambleu ! que dis-je, ce n'est plus une baronie, un comté, que je veux, mais un royaume !

Floustignac ouvrit de grands yeux.

— Vous croyez peut-être, poursuivit Francœur, que je m'attable dans ce cabaret, que je m'accoude sur cette table tachée de lie pour me donner le bonheur de l'ivresse. Non pas ! mon gentilhomme, je travaille à mon œuvre, et je recrute non point des soldats, mais des alliés, des frères, à qui plus tard j'offrirai une partie de mon empire... Votre bouteille est vide, mon noble ami! permettez que je remplisse votre verre... Je possède une île, l'île de Ratoneau...

— Comment, cette île!...

— Est à moi, c'est mon bien, mon héritage; Louis XIV me l'a volée, je veux la reprendre à Louis XIV.

— Diable! dit le Gascon, c'est grave!

— C'est juste. Après avoir spolié ma fortune, il a établi une garnison dans mon domaine. Vous croyez peut-être que j'ai montré de l'amertume et du courroux, nullement; j'ai poussé la politique jusqu'à intriguer pour faire partie du détachement envoyé pour défendre mon île; mais j'ai mon projet, et ma vengeance est prête.

— Mes complots sont moins belliqueux, dit le gentilhomme, je me marie.

— Avec une noble demoiselle.

— Son père exerce un noble état, elle paraît me distinguer; j'attends ici mon valet et mon intendant pour régler les conditions dernières de mon contrat; tel que vous me voyez, je ne sais pas encore où en est ma fortune.

— Cela ne m'étonne pas, dit Francœur.

— Vous comprenez qu'un homme, à la veille de se marier...

— Ne conspire pas; cela est juste... Mais un mariage en perspective manque souvent.

— Je ne suis point assez avancé pour ne pas pouvoir me retirer convenablement.

— De son côté la demoiselle n'est pas assez engagée...

— Sans aucun doute.

— Eh bien ! mon gentilhomme, souvenez-vous de mes confidences de ce soir: l'île de Ratoneau est à moi, bien à moi ! Je ferai rendre gorge à Louis XIV ; s'il a vaincu la Hollande, il ne prendra pas mon héritage, et qui m'aidera à le reconquérir deviendra mon premier ministre; car je l'avoue, après la victoire, je fais une proclamation, et m'érige de moi-même en Francœur 1er, roi de Ratoneau ! En attendant, si vous voulez mettre quelque chose en gage, voici l'adresse du juif à qui j'ai laissé la noble épée de Jean Renaud de Gourin, mon vénéré père !

Francœur se leva, jeta un papier sur la table, et se retourna pour dire:

— On trouve chaque soir ma Majesté au *Pot d'or*, entre sept et neuf heures, les jours où j'ai permission de prendre terre.

— C'est un fou ! pensa Floustignac. Il ajouta : c'est un fou amusant !

Ce qu'il gagna de plus clair à cette première rencontre, fut l'adresse de Josué Hardouin, chez qui il engagea pour trois pistoles la croix de l'ordre du Saint-Esprit du pauvre chevalier d'Assenval.

La présence d'Innocent devenait de plus en plus nécessaire ; les fonds baissaient de nouveau. Une partie de dés maladroitement perdue allait réduire le Gascon à ne plus avoir que la soie de sa bourse, quand un soir, presque au moment où le maître du *Pot d'or* renvoyait ses pratiques, un garçon efflanqué et tenant un cheval boîteux par la bride, passa sa tête par la porte entrebaillée et demanda le sire de Floustignac.

— Mon valet ! s'écria le Gascon.

— Mon maître ! répondit le campagnard.

— Holà ! hôtelier du diable, une chambre pour mon cheval et une botte de foin pour... c'est tout le contraire ! remisez le cheval et logez l'homme ! Mon brave garçon ! je commençais à craindre qu'il te fût arrivé malheur.

— Non point, monsieur, mais la route est longue et Grisette cloche.

— Tu m'apportes...

— Tous les compliments de la Mathée, et la nouvelle que le toit de la chambre s'est effondré ; j'ai fait mettre les meubles en sûreté en attendant des poutres et des ardoises. La moisson est vendue, dont j'ai l'argent dans ma poche, et les chouettes font toujours des petits.

— Sois tranquille ! dit Floustignac, avant deux mois tout sera réparé, restauré ; les tourelles de mes pères dresseront de nouveau vers le ciel leurs poivrières menaçantes ; on creusera les fossés ; on rétablira le pont-levis, et la dame de Ravenols fera dans son domaine une pompeuse entrée.

— Ah ! la dame de Ravenols ! ce qui signifie...

— Je me marie, Innocent ; je daigne t'admettre à l'honneur de mes confidences ; dès demain tu porteras une lettre à celle qui acceptera mon nom et ma main ; les pistoles provenant de la vente des moissons serviront à t'équiper d'une façon convenable.

Après avoir causé pendant une demi-heure avec Innocent, et s'être entendu pour le prix d'une mansarde au cabaret du *Pont d'or*, le sire de Floustignac laissa son adresse au garçon de ferme, en lui recommandant d'être chez lui le lendemain à huit heures et demie. Innocent se laissa envahir et dominer par le sommeil, de telle sorte, qu'à dix heures il ronflait encore.

Quelques coups bien appliqués, et les mots de traître! maroufle! pendard! résonnant à son oreille lui révélèrent la présence de Floustignac.

Il s'excusa, obtint son pardon, et suivit le gentilhomme courant la ville à la recherche d'une livrée ayant encore un bout de galon sur les coutures. Il trouva un costume suffisant, le fit endosser à Innocent, rentra chez lui pour écrire la missive, et, après avoir mis une heure à composer ce chef-d'œuvre, il la tendit au valet avec une dignité suprême.

— Remets cette lettre à madame Agathe Bertrand, en personne; tu demanderas le magasin d'orfévrerie connu sous le nom de *les Bijoux de Vénus*; et, te présentant respectueusement et gravement, comme il convient au valet d'un gentilhomme, tu donneras ce papier qui contient l'arrêt de ma vie.

Innocent partit.

L'heure à laquelle le sire de Floustignac avait coutume de passer devant le magasin était depuis longtemps passée ; Agathe inquiète descendit auprès de sa fille.

— Il est malade ! soupira la mère.

— Peut être est-il parti, répondit Zéline avec amertume.

Elles prirent une broderie et travaillèrent en silence.

Nicéphore ayant eu besoin d'un renseignement, sa femme lui répondit avec une mauvaise humeur manifeste. Zéline ne se montra pas plus gracieuse.

Floustignac faisait le calme ou la tempête dans la maison. Selon qu'on avait ou croyait avoir besoin du consentement et de la complaisance de Nicéphore, on le traitait doucement ou avec dureté.

Si Floustignac était parti ! Il ne s'était nullement engagé avec les deux femmes. Durant la première et unique visite, s'il avait juré par la tourelle de ses pères, il ne prononça pas une fois le mot mariage. Les espérances conçues reposaient seulement sur l'assiduité du gentilhomme à passer et repasser chaque jour devant l'étalage des *Bijoux de Vénus*, mais il restait à Marseille, le cher seigneur n'avait d'autre plaisir que la flânerie et l'on ne pouvait incriminer ses stations en face les vitrines de Nicéphore.

L'honnête marchand, rabroué par sa femme, quitta le magasin et rejoignit Robert dans l'arrière-boutique.

Il s'attachait progressivement à ce jeune homme doux, réservé, modeste.

Robert semblait prendre intérêt à tout ce qui le concernait.

Il ne le contrariait pas quand il lui parlait des qualités d'Agathe et de Zéline ; il le rassura en le voyant rentrer grimaud et mécontent.

L'histoire de Robert, sa patience captivaient Nicéphore.

Sans doute le jeune homme ne possédait rien ; mais son intelligence suffisait pour lui permettre de réaliser une fortune. Bertrand n'était pas riche quand il épousa sa femme. Plusieurs pensées se partageaient l'esprit de l'orfèvre.

Il n'osait s'ouvrir à Agathe. Un moment il crut que l'heure était venue, et ce jour même il eut parlé sans aucun doute, si le retard de Floustignac n'eut rendu agressives les créatures si bien changées à leur avantage depuis trois semaines.

Robert le consola, l'égaya, et bientôt dans l'arrière-boutique retentit le sonore éclat de rire de Bertrand.

Dans le magasin si la joie se manifestait d'une façon moins bruyante, elle n'était pas moins vive pour cela.

Il y avait une heure que la mère et la fille prenaient le deuil du mariage dont elles rêvaient, quand un valet, vêtu d'une livrée trop large, regardant l'enseigne avec obstination et n'osant franchir le seuil de la boutique, s'arrêta vis-à-vis des deux femmes.

— C'est pourtant bien ici... murmura-t-il... *Les Bijoux de Vénus*... une femme majestueuse... le nom de Bertrand écrit en lettres d'or ; je me risque.

Il entra.

Sa lettre à la main il s'avança vers Agathe.

— De la part de mon maître, le comte de Floustignac, seigneur de Ravenols et autres lieux...

Agathe regarda le valet, lui sourit, brisa le cachet large comme un sceau, lut et tomba comme suffoquée sur sa chaise...

— Qu'as-tu, ma mère? demanda Zéline inquiète.

— Il t'adore et veut t'épouser.

Zéline seule entendit cette réponse; Agathe se releva et dit à Innocent :

— Mon ami, nous attendons votre maître à l'heure du dîner.

Innocent salua trois fois à reculons, et quand Agathe et Zéline furent seules elles tombèrent dans les bras l'une de l'autre.

— Enfin, ma fille !

— Laisse-moi lire la lettre, dit Zéline.

— Lis... le style le plus noble, les sentiments les plus élevés... gentilhomme jusqu'au bout des ongles !

— Et mon père?

— Tu m'y fais penser, il faut que je lui parle.

— Pas devant moi, je t'en prie...

— Je l'entends... monte dans ta chambre... Non !

commande le dîner à Nicette... un dîner fin, quand il s'agit d'une fête de famille...

— Une fête de famille ! répéta Nicéphore qui n'entendit que le dernier mot, et qui souriait encore des plaisanteries de Robert, mais je les aime, je les adore, les fêtes de famille... Je ne trouve jamais la salle à manger assez grande et le nombre des convives suffisant autour de ma table... Tu me ménages des surprises, Agathe ?

— En effet, mon ami !

— Et moi qui t'en prépare une.

— Vrai !

— Si c'était la même.

— Je ne pense pas, Nicéphore...

— Il n'en faudrait point jurer, car enfin, après notre affection, la seule chose qui nous tienne au cœur est Zéline...

— A coup sûr.

— Et Zéline a vingt ans !

— Oui, mon ami.

— Un bel âge !

— L'âge où on songe qu'un jour on se mariera...

— Avec un honnête homme qui vous rendra heureuse.

— Et satisfera tous vos désirs... Zéline n'y pense point encore, mais nous nous en préoccupons déjà !

— Tu ne m'en disais rien ! s'écria Nicéphore.

— Tu me le cachais ! répondit Agathe.

— Dissimulée !

— Mystérieux !

— Tu avoues...

— J'avoue tout ; oui, je veux marier Zéline.

Nicéphore se frotta les mains.

— Et ton choix est fait ?

— Depuis aujourd'hui.

— De sorte que le dîner de famille...

— A pour objet la présentation officielle.

— Un mot aurait suffi, car ils se conviennent tous deux.

— Et ils s'aiment !

— Il te l'a dit ?

— Aujourd'hui même et Zéline...

— En fille soumise se fera un bonheur d'obéir à sa mère.

— Que je t'embrasse ! dit Nicéphore avec expansion. J'avoue à ma honte que j'avais une sorte de frayeur à ton endroit. Il me semblait que tu hésiterais à donner ton consentement à ce mariage... Le jeune homme est pauvre...

— Nous sommes riches !

— C'est vrai ! puis les malheurs survenus dans la famille...

— Il n'a plus de père, tu remplaceras celui qu'il perdu.

— Enfin, te voyant lire et laisser lire à ta fille des livres de chevalerie et de romanesques histoires, je tremblais que ces inventions eussent un peu troublé la tête de Zéline. Dieu merci, il n'en est rien et Robert...

— Robert ! que veux-tu dire ?

— Je réponds à tes confidences. Robert héritera de la maîtrise, je me fais vieux, et...

— Et vous devenez fou ! ma parole, s'écria madame Bertrand, marier Zéline à un apprenti dont le père est esclave, dont la mère et la sœur travaillent pendant les nuits pour gagner quelques sous ! si vous entendez ainsi le bonheur de votre enfant, elle doit deux fois remercier Dieu d'avoir une mère qui veille sur sa destinée. C'est moi, moi seule qui choisirai le mari de Zéline, et j'ai ce matin invité son futur à dîner pour ce soir... Je vous le présenterai...

— Son futur... Ce soir... Me le présenter ! mais il me semble que vous vous êtes bien pressée... Sans me consulter, sans rien dire...

— Me demandiez-vous mon avis sur vos sottes idées de mariage.

— Mais encore faut-il savoir...

— Son nom ! Le comte de Floustignac de Ravenols, cela suffit.

— Sarpejeu ! s'écria Nicéphore, j'en étais sûr. Il vous fallait, non point un honnête homme, mais un adroit aventurier ! Je gage maintenant que cet épouseur est le cadet de Gascogne qui flâne devant ma boutique depuis trois semaines. Si vous n'aviez pas perdu la raison, pour la première fois de ma vie, j'aurais envie de vous battre ! Je vous ai laissé lire des livres stupides, écrits par des gens à cerveau brûlé, mais je pouvais croire qu'à votre âge, cela resterait sans inconvénient. Je n'entends pas que le même venin infecte ma fille. Zéline prendrait toutes ces farces au sérieux. Les filles de bourgeois n'ont pas le temps de se pâmer sur des douleurs imaginaires ; le ménage, la couture et la famille suffisent à les occuper. Puisque vous élevez mal l'enfant, je me charge de varier le programme. Quand au muguet s'il se présente ici...

— Il se présentera, et il dînera. Voici la lettre courtoise dans laquelle il demande la main de notre fille... Vous ne deviendrez pas le bourreau de Zéline... Et vous n'avez point l'intention de manquer aux égards dus à votre femme. Je ne prétends pas que vous soyez obligé de donner un consentement immédiat, mais vous accueillerez un homme de grande maison qui nous fait l'honneur de prétendre à notre alliance.

— Je me passerais parbleu bien de cet honneur là S'il est gentilhomme, ce coq n'a que ses ergots et la plume dépennée de son feutre ! Vous l'avez invité, je pourrais vous dire que vous avez eu tort, que je ne ratifie pas votre politesse, et vous le prouver en m'exilant volontairement de ma table, mais j'userai de longanimité, je serai patient, je verrai en face le sire de Floustignac et, par saint Éloi, nous viderons la question du mariage !

— Mon père ! mon bon père ! s'écria Zélino en entrant.

— Tu as entendu.

— Votre consentement, et je vous remercie !

— Elles sont folles ! Folles à lier, murmura Bertrand ; mais tu veux donc mourir de faim, malheureuse !...

— La femme d'un comte ne manquera de rien, et puis, vous m'avez promis une dot.

— Si tu te maries à mon gré, certainement ; sinon, rien ; tu seras bien avancée quand ce beau muguet d'argent-court te renfermera dans une taupinière d'où tu ne pourras sortir faute d'une casaque qu'il n'aura jamais le moyen de t'acheter ; je voulais te donner un époux de mon choix, un honnête garçon dont la conduite passée répondît de l'avenir. Je l'avais là, sous la main. Je le formais à plaisir. Grâce à moi, il faisait dans son art des progrès rapides. Je me vieillis, il m'eut succédé tout doucement, et je serais resté orfèvre honoraire. Robert me témoigne du respect et de l'amitié. Pour cadeau de noces, il recevait deux mille écus, et je sais quel emploi il en eut fait, le digne cœur! Au lieu de cela, vous me présentez un grand efflanqué de Gascon, que vous connaissez pour l'avoir vu à la porte d'une église et à travers les glaces du magasin!

— Vous m'avez promis de ne m'imposer personne, mon père.

— Imposer! Robert est jeune, actif, intelligent, probe. Sa conduite, après le malheur arrivé à sa famille, est si louable que toute mère s'estimerait heureuse de lui donner sa fille. Non! je ne t'impose pas un mari; mais ni toi ni ta mère, vous ne m'imposerez un gendre.

Et Nicéphore sortit furieux.

Quand il rentra dans l'atelier il bouleversa les outils, renversa des bijoux, cassa un globe, fit tomber une cascade d'écrins, et se montra si ahuri, si furieux et si malheureux en même temps qu'il finit par s'écrier en s'adressant à Robert :

— Tiens! ta mère est la plus heureuse des femmes!

— La plus heureuse! vous oubliez, maître...

— C'est vrai, j'oublie... Mais je m'entends, mon garçon; ta mère ne restera pas toujours dans la situation présente. Ton père reviendra...

— Quand, mon Dieu?

— Je ne sais pas, mais la Providence est là, et la Providence doit veiller sur un fils comme toi. Je te disais que ta mère est heureuse! Je le répète encore. Sans doute, elle ne peut se consoler de la perte douloureuse qu'elle a faite, mais ton père revenu, ce malheur semblera un mauvais rêve... Tu lui resteras, toi, avec tes qualités sérieuses, ton affection profonde, ton amour du travail. Tu n'es pas homme à sacrifier le bonheur à un sot préjugé. Tu ne demanderas pas en mariage une fille noble. Tu possèdes du bon sens, et je commence à trouver qu'il est rare...

— C'est ma mère qui m'a élevé!

— Tu lui fais honneur! je n'en dirais pas autant de la façon dont ma fille...

— Votre fille, maître Nicéphore.

— Allons, bon! je vais dénigrer ma fille, à présent, et j'ai l'intention de la lui faire épouser... Je m'entends. Zéline a lu des romans, et cette lecture est pernicieuse.

— Je le crois, mais le mari qu'elle choisira, s'il est doué d'une raison saine et lui porte de l'amitié, la guérira de ces folles rêveries par les exemples tirés de la vie pratique.

— Bien parlé, mon enfant! fais-moi un plaisir, dîne avec nous.

— Vous me faites bien de l'honneur, maître Bertrand, mais je n'ai...

— Nous sommes de la même partie, orfèvres! et nous n'en rougissons pas.

— Ces dames excuseront-elles la simplicité de ma mise?

— Il ferait beau voir qu'elles y trouvassent à redire!

— Si vous vouliez cependant me permettre de changer de vêtements.

— Non, Robert, le tablier de ciseleur ou la veste de

matelot, je ne te permets que cela. J'ai besoin de voir un beau travailleur à côté d'un fainéant empanaché.

— Vous avez donc des étrangers?

— Le sire de Floustignac! ce nom te rappelle-t-il quelque chose.

— Rien du tout; il me persuade davantage que mon costume...

— Je souffre le Floustignac, on te souffrira bien. Je veux que l'on t'accueille, que l'on te choie, que l'on t'aime palsambleu! comme disent messieurs les gentilshommes, ou je jette par la fenêtre le faux acheteur de boucles, qui met le désordre dans ma maison.

— Allons, maître Nicéphore calmez-vous ! dit Robert en souriant, je resterai. Ne parlez pas mal de la noblesse devant moi, je la respecte, je la vénère, ce n'est ni un mythe, ni un préjugé, mais un fait.

— Sans doute, mais ce fait demande à être prouvé. Tu ne salues pas jusqu'à terre le premier voyageur couvert d'un manteau émaillé et portant une épée qui lui bat les jambes ! oh! j'ai du chagrin, Robert, un vrai chagrin, quand les femmes ne se font pas les anges de notre vie, elles sont des démons acharnés à notre perte.

— Madame Bertrand, est vive, voilà tout.

— Et entêtée.

— Mais vous, conciliant !

Le bijoutier se laissa calmer par Robert. Madame Agathe jeta les hauts cris en apprenant que l'apprenti s'assiérait à sa table, le jour où elle traitait pour la première fois le sire de Floustignac, mais il fallait s'y résoudre, et pour obtenir que Nicéphore ne se montrât point trop revêche, elle donna enfin son acquiescement.

Ces dames coururent à leur toilette. Ce qu'elles possédaient de plus splendide fut tiré des armoires.

L'excès de parure faisait ressortir davantage la pâleur maladive de Zéline, tandis qu'il exagérait la fraîcheur d'Agathe. Mais ni l'une ni l'autre ne s'aperçut de ce détail ; Robert seul le sentit, en faisant une comparaison entre Angélique et Agathe, Fleur et Zéline.

Quant à Nicéphore il haussa les épaules.

La table était dressée avec goût. On avait emprunté à la boutique des salières d'argent, des cafetières et

9

des corbeilles à fruits. Le sire de Floustignac se fit non pas attendre, mais désirer. Pour cette solennité il avait loué un habit de satin vert chou, pailleté d'argent.

Il se présenta avec une exagération de saluts et de politesses, se montra d'une courtoisie affectée tournant à l'impertinence avec le pauvre Robert, et pendant tout le temps du dîner ne s'occupa que des dames.

Nicéphore s'en dédommageait en causant avec l'apprenti.

Il ne me plaisait pas, dit Bertrand au dessert, maintenant je le déteste.

— Je le trouvais convenable, murmura Zéline, à l'oreille de sa mère, à présent il me charme.

— J'emporte une parole d'espérance! demanda Floustignac en baisant la main d'Agathe.

— Et ma promesse personnelle.

Floustignac balaya de nouveau le parquet de sa plume rouge, et disparut pour laisser Agathe et sa fille dans l'éblouissement de leur surprise.

VI

Dévouements obscurs.

Fleur penchée sur son métier oubliait de tirer l'aiguille. Marianne vaquait aux soins du ménage. De temps en temps elle adressait une parole affectueuse à la jeune fille, et celle-ci lui répondait avec une distraction visible. Depuis quelque mois, Fleur pâlissait. La tristesse voilait son regard ; elle ne souriait plus. Sans doute, depuis le malheur arrivé dans la famille qui l'avait adoptée, jamais elle n'avait senti son cœur allègre, ni la chanson monter à ses lèvres, mais en continuant sa tâche, en se dévouant à l'œuvre du salut de Robert, elle éprouvait l'intime contentement du devoir accompli, et rien n'affaiblissait en elle le viril courage dont elle avait besoin. Ce n'était pas la fatigue du labeur qui la faisait se replier sur elle-même. La continuité de son dévouement ne lui pesait pas. Marianne et Justin demeuraient l'objet de son affection. La soif du plaisir n'arrivait point jusqu'à elle. Quand l'heure des offices l'appelait à la Mayor, elle y courait avec empressement. Seulement, autrefois son âme se dilatait, s'épanouissait dans la prière, tandis que maintenant elle penchait son front sur ses mains jointes et versait des larmes.

Marianne absorbée par la continuelle pensée de son mari, et accoutumée à trouver chez Fleur l'écho de ses tendresses ne s'aperçut pas du trouble croissant et de l'état de souffrance de la jeune fille. Quand elle la trouvait fatiguée, silencieuse, elle attribuait cette prostration à la peine qui les écrasait tous trois. Elle ne demandait donc point à Fleur la cause d'un mal qu'elle s'imaginait connaître, et la jeune fille n'eut jamais consenti à l'avouer.

Justin fut plus perspicace. Il vit, il questionna Fleur se renferma dans des généralités, parla de l'épreuve commune et s'obstina à paraître ne pas comprendre que le jeune homme l'interrogeait sur son propre cœur.

Robert froissé de ce manque de confiance renferma en lui-même une secrète amertume. Il continua d'étudier Fleur ; et, la trouvant chaque jour plus réservée envers lui, il en tira la conclusion que la jeune fille ne l'aimait pas comme il l'aimait lui-même.

L'affection des deux enfants s'était transformée à mesure qu'ils grandissaient. Si, comme le croyait Justin, Fleur ne ressentait qu'une amitié fraternelle, depuis que la jeune fille était devenue belle en se montrant chaque jour meilleure, Justin Robert n'avait pas de plus douce espérance que celle d'en faire sa femme. Il l'avait vue croître auprès de lui, d'abord, naïve et rieuse, jouant et sautant, partageant ses plaisirs enfantins ; ensuite elle étudiait près de lui, aidant parfois sa mémoire rebelle, le lendemain le priant de lui expliquer ce qu'elle ne comprenait pas. La jeunesse succédant à l'adolescence les rendit timides ; ils rougirent près l'un de l'autre, leur langage s'embarrassa. Lui la trouvant si belle, elle le voyant si grand, ils cessèrent de se tutoyer. De ce jour ils s'aimèrent. Dans les circonstances où ils étaient, tout projet d'union leur aurait paru coupable. Pouvaient-ils songer à leur bonheur personnel, tandis que Robert souffrait l'esclavage? Toutes les félicités leur viendraient à la fois. Le jour du retour de Robert marquerait leurs fiançailles. Justin s'accoutumait à ses nouvelles occupations, il ne songeait point à regretter ses chères études. Le labeur auquel il se livrait avait un mobile si grand qu'il changeait ce travail de nature. Pendant qu'il ciselait l'or, dessinait des bijoux ou montait des pierres, le jeune apprenti songeait à la joie qu'il éprouverait si, plus tard, pendant qu'il serait à son établi, Fleur devenue sa compagne se penchait de temps en temps vers lui toute souriante et lui adressant un mot d'encouragement et de tendresse. Il entrevoyait confusément dans les nuages de son avenir, des têtes blondes, des yeux bleus, des petits membres potelés, qui lui donnaient les noms qu'autrefois il donnait à son père. Dans la chambre commune aux époux il y avait un berceau, et le légiste-ouvrier pleurant de douces larmes suppliait Dieu de lui garder son bonheur.

Les jours s'ecoulaient vite, pendant qu'il s'abandonnait à ses rêves.

Et comme il les reprenait chaque matin, il voyait arriver le soir sans avoir senti l'ennui ou la fatigue.

Nicéphore lui comptait son salaire, il le recevait avec joie et orgueil.

En quelques minutes il achevait le trajet qui séparait sa demeure de celle de Bertrand. Il embrassait Marianne, souhaitait un affectueux bonsoir à Fleur, faisait tinter l'argent dans la cassette et partageait le modeste souper en s'informant de ce qui était survenu dans la maison paisible, en racontant lui même ce qu'il avait fait. Marianne l'écoutait, le regardait ; Fleur le front incliné ne relevait jamais la tête, mais elle ne perdait pas un mot de l'entretien ; et, de même que Justin se rappelait le lendemain ses rares paroles, elle se souvenait de tout ce qu'il avait dit, et le repassait dans son cœur.

Cette félicité grave, sanctifiée par la prière, ennoblie par le travail, dura toute une année.

Par une lente transition elle s'affaiblit, diminua et s'éteignit.

Le doute entra dans l'esprit de Justin.

Le cœur de la jeune fille se froissa d'abord ; ensuite elle crut que son ami changeait ses projets d'avenir.

Une rencontre fortuite de la famille Bertrand confirma Fleur dans ses doutes.

Marianne, appuyée au bras de Robert, quitta la Mayor ; Fleur marchait un peu en arrière, prenant quelques précautions pour éviter de marcher sur une magnifique robe de lampas appartenant à la majestueuse Agathe. Zéline non moins richement mise se tenait à sa droite, tandis que le père Bertrand se retournait avec impatience du côté de sa femme et de sa fille, les priant de se hâter, mais ne songeant au fond du cœur qu'à l'ennui de les voir l'objet de la curiosité, de l'envie et de la malignité des autres bourgeoises. On louait leur parure exagérée au détriment de leur raison. Les sarcasmes s'aigrissaient. On murmurait que Madame Bertrand portait un étalage des produits de sa maison au cou et aux oreilles ; on comparait Zéline à des filles moins parées, mais cent fois plus belles. Ces dames préoccupées de l'effet produit par leur parure ne s'inquiétaient guère de l'agitation mécontente de Nicéphore. La vanité leur montait à la tête par bouffées; elles se poussaient du coude sans se parler, s'enivrant en silence de leur prétendu triomphe.

Pendant tout le jour elles y songèrent.

Le marchand enrageait, elles n'y prenaient garde. N'était-il pas un bourgeois embourgeoisé dans sa marchandise, sentant l'orfèvre d'une lieue, tandis qu'à défaut de naissance, elles possédaient du moins un tact suffisant pour leur permettre d'estimer la noblesse à sa juste valeur, et d'obtenir l'honneur d'en faire quelque jour partie.

Ce dimanche là, l'irritation du paisible Nicéphore tournait à la rage. Elle augmenta par la comparaison.

En se retournant une dixième fois pour hâter les deux nonchalantes personnes dont il était le père et le mari, il aperçut Robert, Marianne et Fleur. La simplicité de leur costume, la dignité chaste de leur maintien, cette aisance de bon goût, cette affabilité qui respire dans le visage, le captivèrent d'autant plus

9.

que Zéline et Agathe lui prenaient désagréablement sur les nerfs.

Il aborda Robert en lui tendant la main, s'informa des nouvelles de Marianne et de sa fille avec un grand respect, et au moment où Madame Bertrand poursuivait sa route, il lui prit la main assez vivement, et l'arrêtant court :

— Madame Bertrand, dit-il, vous serez heureuse de lier connaissance avec la mère de Justin ; Zéline pourrait beaucoup gagner au contact de sa sœur, et nous les prierons de dîner avec nous sans cérémonie.

Agathe fit une demi révérence et avec un sourire aigre et une voix de fausset, elle assura Marianne du plaisir que lui procurerait sa visite.

Marianne voulut refuser. Robert aurait préféré passer la journée en famille ; il savait que Fleur n'éprouverait aucune sympathie pour la romanesque Zéline, mais il craignit de désobliger son patron, et il accepta.

— Après le dîner, ajouta Nicéphore, tu mettras l'*Espérance* à flot et nous ferons une promenade. Ce sera pour moi un vrai plaisir, mon brave enfant ! tu te souviens de la bataille du premier jour. Vrai Dieu, on t'aurait pris pour un rude homme, à te voir jouer des poings contre ces bêtes goudronnées décorées du nom de matelots. De ce moment a commencé mon amitié pour toi, et j'espère, je veux qu'elle te porte bonheur.

Il n'y avait pas moyen d'échapper à une invitation si pleine d'effusion et de franchise.

— Rentrons ensemble dit Nicéphore, cède-moi l'honneur d'offrir le bras à ta mère, et fais-toi le cavalier de Zéline.

La jeune fille appuya d'assez mauvaise grâce sa main couverte d'une mitaine de filet sur le bras de Justin, et madame Bertrand affecta de se séparer d'une compagnie d'artisans.

Pour augmenter l'humiliation de Zéline et d'Agathe, le hasard voulut que le sire de Floustignac passa près d'elles.

Un sourire d'une sarcastique impertinence effleura ses lèvres, il n'en souleva pas moins son feutre avec respect, et mit dans son salut cette question qu'il ne pouvait adresser :

— Par les tourelles de mes pères ! avec quels croyants vous commettez-vous ?

Agathe rougit prodigieusement, Zéline baissa la tête d'un air confus. Quand ellle la releva, elle rencontra le regard d'Amaury-Tancrède, il rayonnait.

La malheureuse fille passa donc du sentiment d'une humiliation profonde à une joie soudaine. Floustignac parut la plaindre, et jeter la faute de ces relations sur le gros marchand qui donnait le bras à Marianne.

Les yeux du Gascon distinguèrent Fleur cependant; cette jeune fille vêtue d'une fraîche étoffe relevée dans les poches par des nœuds de velours, les cheveux à peine cachés sous un bonnet de dentelle, parut charmante au gentillâtre. Certes, à dot égale, il l'aurait de beaucoup préférée à la maigre Zéline, mais les *Bijoux de Vénus* le fascinaient et lui interdisait d'autant plus de remarquer une autre femme, que mademoiselle Bertrand, l'avait surpris pendant qu'il regardait Fleur, le foudroya par une menace des yeux qui signifiait :

— Si vous me donnez une seule occasion de jalousie, prenez garde !

— Bien pensa Floustignac, j'ai un moyen d'action.

Et il continua de s'occuper silencieusement de Fleur.

Zéline comprit qu'elle faisait fausse route, leva sur Tancrède des prunelles humides, et celui-ci sourit avec condescendance.

La petite marchande était domptée. Ne devait-il point l'accoutumer aux usages du monde et la façonner si bien qu'elle ne se permît jamais de trouver quoi ce que fut à redire aux façons de M. de Floustignac de Ravenols. Mais la contrariété ressentie retomba sur la famille Bertrand ; l'humeur de Zéline devint si manifeste qu'une fois rentrée au logis, Nicéphore lui dit d'une voix sévère :

— Je vous ai accordé de dîner avec ce prétendu seigneur des ruines de Ravenols, ayez le bon goût d'être aimable pour la sœur de Robert, une charmante fille, plus instruite que vous, et mieux élevée.

Agathe comprit le sens de cet aparté et adoucit légèrement l'expression de son visage.

Pendant le repas Nicéphore se montra expansif, heureux. Il combla d'attentions Marianne et Fleur. Il leur rendait un hommage naïf, touchant, dont Agathe et Zéline se fussent trouvées humiliées si elles en avaient compris le véritable sens.

Fleur répondit aux avances du vieillard avec sa bonne grâce accoutumée. Mais peu à peu, en écoutant l'éloge que Bertrand faisait de Robert, il lui sembla qu'une arrière-pensée occupait l'orfèvre, Zéline n'était point jolie, mais riche. Nicéphore pouvait songer à la donner à Robert, celui-ci ne possédait rien, il est vrai, mais Nicéphore ne semblait point avare; ce mariage s'il ne répondait pas aux vœux secrets de Robert lui enlèverait du moins toutes préoccupations d'avenir. Son père revenait sauvé par Bertrand. Justin s'accoutumait à Zéline. Elle avait des travers plutôt que des défauts sérieux. Un mari sage l'en corrigerait doucement. Robert était trop homme du devoir pour rendre jamais sa femme malheureuse. Les mariages d'inclination s'ils donnent plus de joie dans les commencements présentent souvent des variations brusques. La raison présidant au choix d'une compagne offre des garanties calmes, arrêtées. Si Robert épousait la fille de Bertrand, une seule personne aurait à souffrir : Fleur !

Eh bien ! Fleur devait tout à la famille Robert. Orpheline et pauvre, on l'avait adoptée, aimée ; devait-elle être un obstacle au bonheur général. L'absence de Robert, cette douleur latente, ce regret de chaque jour, cette désolation que rien ne consolait cessait sur un mot de contentement. Ce mariage était nécessaire, il devait se faire, elle y aiderait.

Fleur ignorait, il est vrai, l'épisode de Floustignac. Robert ne l'entretenait jamais de ce qui survenait chez son patron. La scène muette qui s'était passée le matin au sortir de la Mayor lui avait échappé. Nicéphore affectait de nommer Justin son frère ; elle résolut de ne plus lui donner elle-même que ce titre, et d'étouffer les pensées de son cœur et les rêves de sa jeunesse.

— Je le verrai heureux ! se disait-elle ; je payerai par mon sacrifice les bienfaits d'une famille qui m'aime, et tout sera dit pour moi : Quand Justin sortira de la Mayor ayant au bras une femme portant son nom, je me sentirai forte et je serai guérie.

Fleur se trompait dans ses raisonnements.

Dans sa hâte d'accomplir autant qu'il était en elle le salut de Robert, elle ne regardait point assez attentivement et ne fouillait pas suffisamment le cœur de Robert. Modeste, et se défiant toujours d'elle-même, elle tenta de se prouver que, jusqu'à cette heure elle s'était abusée. Robert voyait en elle la compagne de son enfance, la petite Fleur des soirées de Noël; mais il ne pouvait songer à l'épouser. Ses sentiments, elle les lui avait naïvement attribués. Aimant, elle s'était répété : je suis aimée. Elle se réveillait de son rêve, assez à temps pour guérir de sa blessure ou du moins assez forte pour la cacher à tous les regards. Un instant lui suffit pour se mettre à la hauteur de l'abnégation nécessaire; et quand elle fut sûre d'elle-même, elle redoubla de grâce et d'amabilité pour Bertrand, se montra affectueuse avec Zéline, et si simple devant l'orgueilleuse Agathe qu'elle triompha de sa roideur gourmée.

Pendant la promenade en mer, Zéline se trouva non loin de Robert; Bertrand accapara Marianne, et

Fleur se laissa raconter par madame Bertrand les désillusions de sa vie. La bourgeoise prétentieuse lui parlait de ses lectures, la questionnait à son tour, s'émerveillait de sa simplesse, et l'en félicitait, puisque sa situation ne lui permettait ni loisir ni vues indépendantes, même dans l'avenir. Fleur garda le courage de ne point sourire. Agathe finit par la trouver charmante, et quand on se sépara en se promettant de se revoir, elle ne put s'empêcher de s'écrier :

— Les bonnes gens !

— Nous les verrons souvent, dit Nicéphore.

— La petite se formera au contact de Zéline, ajouta Agathe.

— Et c'est ma fille qui y gagnera, pensa l'orfèvre.

A partir de ce jour Fleur changea progressivement à l'égard de Justin. Attentive pour tout ce qui concernait les soins matériels, elle cessa de l'entourer de la muette tendresse qui faisait sa joie. Plus d'une fois elle parla légèrement de leur amitié enfantine, railla ces prétendues tendresses éternelles, lui demanda s'il ne songeait point qu'au retour de Robert il devait prendre femme, et déchira comme à plaisir l'âme impressionnable du jeune homme.

Plus d'une fois il fut sur le point de lui adresser une question qui lui brûlait les lèvres.

Enfin, un dimanche, la voyant penchée à la fenêtre et suivant ou paraissant suivre du regard un groupe de jeunes gens, il en vint à penser que Fleur en aimait un autre. Le hasard voulut que l'un des jeunes gens faisant partie du groupe auquel Fleur accordait son attention, levât les yeux de son côté, et voyant ce candide et charmant visage, le contemplât plus qu'il n'était peut-être convenable. Fleur se retira. Mais en fermant la fenêtre, elle vit que les regards de Robert l'interrogeaient avec angoisse. Elle rougit et fredonna un couplet !

— Fleur, dit le jeune homme avec amertume, vous êtes donc bien heureuse ?

— Pourquoi ?

— Vous chantez.

— Cela m'arrive souvent.

— Ce qui est moins fréquent, c'est de vous voir ouvrir une croisée et y rester une heure à étudier la physionomie des passants.

— Est-ce un crime?

— C'est une faute, si vous en remarquez un et que vous lui permettiez de trop vous regarder

— Robert!

— Je vous blesse... Je le vois, je le sens, et cependant je vais poursuivre.

— De quel droit?

— Du droit que me donne une tendresse sacrée... Vous ne pouvez trouver un confident plus sûr, un ami plus dévoué... soyez donc franche, et dites moi Fleur qui vous aimez...

La jeune fille porta ses deux mains à sa poitrine pour comprimer les battements de son cœur.

— Qui j'aime, Robert? Dieu et mon âme le savent, il suffit.

— Et moi...

— Vous, mon frère, vous ne devez songer qu'à Robert mon père adoptif, à votre mère et à votre avenir.

— Mon avenir se confond avec le vôtre.

— Notre enfance est finie, et la jeunesse n'a point les mêmes pensées.

— Les vôtres ont changé, Fleur, moi je reste le même.

— Alors, je vaux moins que vous...

— Fleur, vous avouez donc?

— Quoi? demanda-t-elle en le regardant en face.

— Rien! répondit-t-il avec accablement.

Il s'éloigna de la fenêtre, marcha dans la chambre à pas précipités, puis ouvrant l'armoire, il saisit d'une main fébrile son costume de matelot et sortit. Un moment après il rentra. L'irritation était éteinte dans son regard, s'il restait pâle encore de l'émotion ressentie, un sourire flottait sur ses lèvres. Sourire douloureux pour qui connaissait cette nature généreuse et tendre. Il tendit la main à la jeune fille, la pressa non pas avec une tendresse mêlée de passion, mais avec la force qui promet un appui dans le malheur et une constance éternelle.

Lorsque Marianne revint, il était sur le port, et Fleur reprenait sa place à la croisée.

Elle avait suivi Robert du regard, et passant ses

doigts sur ses paupières, elle effaça deux larmes quand il disparut.

A partir de ce jour, tout changea pour Robert.

Il continua de remplir sa tâche, mais le mobile heureux manqua à son courage. Pour le consoler de la vision sinistre qui lui montrait sans cesse le vaisseau de son père aux prises avec la tempête, on lui faisait deviner les tortures de la captivité. Il n'évoqua plus la figure de Fleur embellie par la dignité de la femme, rendue sacrée par le titre de mère. Ses doigts s'usaient au maniement des outils, ses facultés se tendaient vers l'étude d'un métier; il s'absorbait dans le devoir, l'embrassait avec ardeur, avec austérité, avec passion, comme on embrasse le martyr.

Marianne s'aperçut du changement d'humeur de Robert; elle le questionna doucement, avec mille précautions affectueuses; elle lui parla comme font les mères aux enfants dont il faut endormir les premières souffrances. Dans son inquiétude et son souci, elle chercha quel sujet de peine pouvait avoir son fils. Elle ne devina pas. Comment l'aurait-elle pu faire? Fleur restait la même en apparence; Justin seul gardait au cœur un doute poignant. Marianne était loin de croire que la douleur put entrer au logis par la pauvre orpheline. Accoutumée à voir ces deux enfants se chérir, elle n'eut pas l'idée qu'un tourment jaloux minait l'âme de Robert. Fleur était si sage, si réservée ! Marianne suivait pour ainsi dire ses pensées dans ses yeux. Elle aussi devint progressivement pâle et souffrante. Lorsqu'elle s'en aperçut, elle jura de se roidir contre elle-même, de triompher de sa faiblesse. Ses efforts surhumains amenèrent à ces joues une teinte fièvreuse et mit un éclat fébrile dans les yeux. On consulta un médecin, il déclara que Fleur se portait à merveille. Chaque dimanche elle faisait avec sa mère une visite à la famille Bertrand. Robert s'excusait souvent sur la nécessité où il était de se rendre sur le port. Marianne enchantée de la bonté du cœur de Nicéphore, passait de longues heures à s'entretenir de son fils. Pendant ce temps Zéline entraînait sa nouvelle amie dans sa chambre, lui montrait ses bijoux, sans se demander si la jeune fille pauvre ne souffrait point de la comparaison de leurs situations respectives? Elle étalait ses jouissances de luxe, calculait le chiffre de sa dot, et la succession de son père.

Elle savait qu'un jour elle aurait un *état de maison*, Fleur écoutait avec patience, regardait, admirait, glissait de temps en temps un conseil, une parole utile, s'efforçant d'amener à la raison cette folle cervelle de fille romanesque. Elle esquissait devant ses yeux des intérieurs bourgeois, tranquilles, heureux ; elle dépeignait son rêve à elle, si opposé à celui de Zéline. Dans la poursuite de son idée, le mariage de Zéline avec Robert, elle s'efforçait de rendre meilleure, digne, honorable, celle qui porterait le nom de son ami. L'héritière des *Bijoux de Vénus* ne comprenait pas trop, ne profitait guère, mais enfin peu à peu son antipathie s'effaça et fit place à une amitié relative. Zéline ayant le cœur peu développé ne donnait qu'une part de tendresse restreinte ; mais elle donnait ce qu'elle avait. Quant à Bertrand, les visites de la famille Robert lui semblaient si agréables qu'il concéda de temps à autre que le sire de Floustignac s'assiérait à sa table. Le seigneur de Ravenols persistait dans son système. Zéline attendait tout du temps ; Nicéphore comptait sur la hâte du Gascon qui, pressé par la nécessité exigerait bientôt une réponse catégorique. En la faisant évasive, en prenant des atermoiements, on était certain de le décourager et de l'évincer sans bruit. Les cartes et les dés ont des faveurs fantaisistes. Si les pistoles sonnaient parfois dans la bourse du Gascon, bien souvent il aurait pu retourner ses poches. Heureux était-il alors quand on jouait de confiance avec lui le souper ou la bouteille de bière.

Marianne ne se doutait aucunement des projets de Nicéphore, aussi fut-elle surprise au dernier point, quand l'orfèvre demanda un jour sans circonlocutions:

— Pensez-vous à marier votre fils ?

— Pas encore, répondit-elle ; dans ma position je ne le puis...

— A cause de son père, n'est-ce pas...

— Sans doute !

Mais si une fille richement dotée fournissait le prix de la liberté de Robert...

— Une fille riche ne voudrait point d'un jeune homme pauvre.

— Détrompez-vous.

— Alors ce seraient les parents qui s'opposeraient à une union semblable.

— Les parents la désirent.

— Vous ne faites donc pas une supposition.

— Je vous fais une proposition.

— Un mariage... Robert... cela est impossible !

— Pourquoi ?

— Mais il épousera Fleur...

— Il vous a dit que c'était son intention ?

— Non, il ne me l'a point dit... mais ces enfants élevés ensembl ne se doivent jamais quitter...

— Il nomme cette jeune fille : ma sœur ! elle n'est en effet qu'une sœur pour lui.

— Et celle dont vous me parlez, la connaît-il ?

— Oui.

— L'aime-t-il.

— Vous le lui demanderez.

— Moi !

— Oui, vous, Marianne, et s'il consent à toucher tout de suite cinquante mille livres, à retrouver un père pour qui il se dévoue et qu'il promette de rendre Zéline heureuse...

— Zéline! vous voulez parler de Zéline!

— Ah! je sais qu'elle n'est point parfaite ! dit en soupirant le bijoutier... sa mère l'a gâtée... mais ces défauts peuvent disparaître. Vos leçons, l'exemple de Fleur... un pareil mariage me rendrait le plus heureux des hommes... Tous mes soucis finiraient à la fois... Agathe ne me casserait plus la tête avec ses ambitions maternelles ; je saurais à qui resterait ma maîtrise, et je pourrais mettre à mon aise le monsieur de Floustignac à la porte...

— Monsieur de Floustignac... est-ce que?

— Et justement ! Agathe n'a guère de sens commun... ce gentillâtre à force de parler des tourelles de ses pères lui a tourné la tête. Elle s'imagine que le bonheur consiste à prendre le droit de peindre un blason sur les panneaux d'un carrosse... sa fille suit la même pente. On ne m'écoute pas, on me berne presque... Je suis un marchand, un boutiquier, un bourgeois.. Un peu plus, ma parole, elles me diraient que je les fais rougir.. ce damné Gascon critique mon linge de table, analyse ma cuisine et discute le vin de ma cave... On le sert le premier, on applaudit à chaque mot sortant de sa bouche, et un coup de coude m'avertit que je commets l'énormité de parler chez moi franchement et en toute liberté... Je ne suis pas heureux, et je voudrais bien, sur mes vieux jours, jouir du calme si rudement gagné. Je montrerai que je suis le maître chez moi, et Robert malgré sa bonté fera respecter son caractère d'époux... voyez, madame Marianne, ce projet vous sourit-il?

— Il nous honore, monsieur Bertrand.

— Vous reverrez votre cher mari... le sort de votre fils se trouvera avantageusement fixé...

— C'est plus que nous ne pouvons attendre, je le sais.

— Me donnez-vous votre parole?

— C'est celle de mon fils qu'il s'agit d'obtenir.

— Mais votre consentement de mère, et de mère honorée...

— Je vous demande deux jours pour réfléchir.

— Prenez toute la semaine, vous me répondrez dimanche.

— Marianne se leva, serra la main du bijoutier et passa dans la chambre d'Agathe.

La demande de l'orfèvre l'étonnait et la troublait.

Si Justin accueillait favorablement ce projet d'union les épreuves de sa famille se terminaient. Le père revenait, la fortune perdue d'un côté se rétablissait et se consolidait de l'autre. Justin se mettait à la tête du commerce de Nicéphore. Robert devenu vieux, fatigué par les souffrances de sa dernière et funeste course, renoncerait pour jamais à la mer ; on serait heureux, tous ensemble, pressés dans une seule étreinte et rassemblés dans une même maison. Sans doute l'épouse était satisfaite, alors ! Mais la mère ? Marianne envisagea avec inquiétude cette Zéline dont la main contenait une partie de la félicité commune.

— Hélas ! pensa-t-elle, ce n'est point une bru semblable que je souhaitais !

Cependant, elle l'embrassa en la quittant avec une sorte d'effusion. Le soir, la mère et le fils s'entretinrent longtemps ensemble. Fleur, étonnée de la durée de cette causerie, finit par s'inquiéter. Il lui sembla entendre verser des larmes ; de longs silences succédaient à quelques paroles brèves mêlées d'exclamations.

— Allons, mon sort est en jeu, dit-elle ; tant mieux ! la certitude d'un malheur est moins cruelle que l'inquiétude.

Marianne dont elle espérait quelque confidence ne lui dit rien le lendemain.

Justin prévint qu'il ne déjeunerait pas.

Le dimanche suivant, après une semaine qui sembla interminable à chacun, au moment où la famille Robert se rendait chez les Bertrand, la porte s'ouvrit, et Nicéphore parut sur le seuil.

Le digne homme faisait pitié.

— Elles me tueront ! s'écria-t-il en tombant sur une chaise.

— Qu'est-il arrivé ? demanda Marianne.

— Lisez cette lettre... toi, mon enfant, tu aurais été malheureux, je le vois bien... quel dommage ! tu me convenais si bien pour gendre !

Robert devint pâle, Fleur rougit.

— Lisez tout haut ! allez, reprit l'orfèvre, on n'est pas plus insensé, ma parole d'honneur... et c'est sur la foi de lubies pareilles, et la tête tournée par ces sottises que ma femme et ma fille me font des scènes à rendre fou, et menacent de quitter ma maison... le scandale après la guerre intestine... oh ! elles mériteraient que je donnasse mon consentement à cette stupide union, et avant deux mois Zéline pleurerait toutes ses larmes...

— Calmez-vous, monsieur Bertrand, dit Robert d'une voix affectueuse, dans laquelle un contentement involontaire se faisait sentir, tout s'arrangera pour le mieux.

— Oui, pour le mieux, si le coquin est pendu !

— Pendu ! répétèrent Fleur et Marianne.

— A moins qu'il meure par la hache, en sa qualité de gentilhomme !

Marianne commença la lecture de la lettre.

« Madame,

« En présence de l'opposition que mettent un époux
« intraitable et un père barbare à mon union avec vo-
« tre incomparable fille, ma première pensée a été de
« céder à mon désespoir, et de chercher dans les flots
« un remède à ma misère... Les principes que mon
« honoré père le comte de Floustignac de Ravenols, etc.,
« m'a transmis, m'étant revenus à la mémoire,

« j'ai choisi, pour échapper aux infortunes de mon
« cœur, un moyen de trépas aussi prompt, aussi sûr,
« et moins coupable. Si j'échappe à la mort que je dé-
« sire, que je cherche et que j'attends, je pourrai
« offrir à votre fille une si brillante destinée que vous
« ne saurez sous aucun prétexte me la refuser pour
« femme. Ce n'est plus une couronne à huit fleurons
« que je déposerai à ses pieds, mais une couronne
« royale... Si je succombe dans mon entreprise, plai-
« gnez-moi, conservez mon souvenir ; et, comme gage
« de mes sentiments parfaits d'estime et de tendresse,
« acceptez le legs contenu dans le testament joint à
« cette suprême missive...

« Mon valet est impénétrable et incorruptible... je
« conspire... je joue ma tête... Un trône ou la mort. »

« Amaury-Tancrède-Renaud-César-Alexandre sire
de Floustignac, de Ravenols *et autres lieux.* »

— Eh bien ! qu'en dites-vous? demanda Nicéphore
d'une voix brisée.

— Le Gascon est fou ! répondit Robert.

— Mais sa folie est contagieuse ! miséricorde, chez
moi on pleure, on s'inquiète, on se lamente. Le grand

imbécile de valet a été interrogé... il n'a rien dit faute de savoir quelque chose. On me traite de persécuteur, ma fille me menace d'entrer au couvent, et ma femme de plaider en séparation... Voilà pourtant où l'*Astrée* les a conduites!

Et Nicéphore parut un moment insensible aux consolations de la plus cordiale amitié. Peu à peu cependant, il subit l'influence bienfaisante au milieu dans quel il se trouvait. Sa colère s'apaisa, ses nerfs se détendirent et il partit à la nuit en s'écriant :

— Pauvre Robert! et ta journée de marinier que je t'ai fait perdre.

Robert pour la première fois ne se sentait pas triste d'avoir perdu un salaire. Les confidences du bijoutier lui enlevaient un grand poids, et quand il embrassa Marianne, la mère comprit quel sacrifice elle avait accepté précédemment.

VII

Au Pot d'or.

Il y avait grand bruit dans le cabaret de Grosboulot.

Une troupe de rudes matelots, avec qui nous avons fait connaissance au premier chapitre de cette véridique histoire, riait, buvait, criait, hurlait, en vidant les verres et en cassant les brocs. Les servantes ahuries ne savaient à qui répondre. L'un demandait une pinte de vin, l'autre un saucisson, celui-là exigeait une bouteille d'eau-de-vie. Le tabac, les pipes, l'odeur de friture, d'ail et l'épaisse atmosphère régnant dans tous les bouges de ce genre rendaient l'air irrespirable.

Ni Jean Marsouin, ni Mathias Beaupré, ni Lazare Turpin ne semblaient s'en apercevoir.

A une table voisine de la leur, deux hommes accoudés sur une table huileuse et tellement rapprochés que leurs fronts se touchaient s'entretenaient à voix basse.

— L'affaire est sûre! répétait le soldat; une garnison qui tremble comme un seul poltron et dont viendraient à bout deux hommes d'énergie.

— Soit, répondit le second des interlocuteurs ; le résultat me semble possible en effet ; seulement, vous savez, si je vous abandonne l'autorité, vous me concédez la moitié du titre.

— J'y consens! nous régnerons ensemble... Il me semble qu'en France nous avons eu des exemples de ce genre... Louis III et Carloman... deux frères... nous sommes frères d'aventures!

— Quand la garnison doit-elle s'absenter?

— Dans deux jours.

— Et il n'y aura plus dans l'île ?...

— Que moi... et je vous attendrai...

— Roi de Ratoneau ! murmura le Gascon.

— Oui, c'est un beau rêve ! poursuivit Francœur ! une conquête valant celle d'Ithaque ! Un travail égal à ceux d'Hercule ! Et il suffit d'un homme comme Jean Gourin dit Francœur pour balancer un moment les destinées de la France et fonder un royaume en face de ses rives ! grand fait d'armes ! conquête unique au monde et dont parleront les races futures comme disent les gens de plume ! Vous me devez tout et je ne vous demanderai pas même de reconnaissance. Je vous prends pauvre, armé seulement d'une colichemarde de rencontre ! cela m'est égal ! vous me convenez, je vous couronne et je vous sacre roi !

— Et nos sujets ? demanda Floustignac.

— Ils viendront plus tard, commençons par régner.

— Régner sur qui ?

— L'un sur l'autre d'abord, et finalement sur nous-mêmes. Floustignac admira la profonde philosophie de Francœur.

— Je quitte Marseille à six heures, reprit Gourin ;

vous emploierez votre journée demain à faire perdre vos traces dans la ville ; Innocent aura la précaution de venir chaque soir vider un verre de vin au *Pot d'or* à notre santé pendant que nous défierons les balles.

— Les balles ! fit Floustignac avec effroi.

— Sans doute ! croyez-vous bonnement que sa majesté le roi de France nous permettra de déloger les invalides qu'elle abrite royalement gratis à Ratoneau sans nous demander quelques raisons explicatives. Les questions du roi transmises par ses soldats se traduiront en mousquetades; mais soyez tranquille, nous répondrons !

— Oui, nous répondrons, mais nous serons deux contre...

— Le nombre n'y fait rien ! répondit dédaigneusement Francœur. Caché par les fortifications de la citadelle, nous entretenons un feu bien nourri ; vous chargez les armes, je tire ; les murailles sont solides et nous avons du courage.

— Par les tourelles de mes pères ! fit le Gascon en levant un broc d'étain

— Soyez prudent et prenez vos mesures... Je vous

dirai que les invalides quitteront après demain la forteresse... dès que vous les verrez à une distance assez grande de l'île pour que le retour leur soit impossible, vous quittez l'abri du rocher que je vous ai indiqué à gauche, et payant le matelot, vous vous faites débarquer sur la pointe du roc en face du trébuchet du pont-levis. Je serai là, et vous passerez... alors nous combinons nos efforts et nous réalisons nos rêves de gloire.

La tête de Floustignac était brûlante ; ses yeux dardaient des flammes ; les velléités de terreur qui l'avaient un moment assailli cédaient devant la perspective d'une couronne. Il se voyait lançant une proclamation, et la signant *Amaury-Tancrède* Ier ROI DE RATONEAU !

Alors si son souvenir lui rappelait Zéline à la mémoire, il se jugeait le plus magnanime des hommes de songer encore à lui faire partager son trône. Ce qui plaidait en sa faveur, c'était l'idée que Nicéphore Bertrand fournirait les diamants de la couronne, et deviendraient son argentier. Quant à Francœur, ce soldat de fortune dont le seul mérite était d'avoir vu quel moyen on pourrait tirer de la situation de Ratoneau et des absences de la garnison, il lui apprendrait le métier de roi, ou plutôt lui accorderait la satisfaction de croire qu'il régnerait conjointement avec lui ; tandis qu'un seul maître étendrait en réalité son sceptre sur l'île conquise. Quant à la peupler, le Gascon se souvenait de la fondation de Rome. On se montrerait indulgent pour les fautes passées. Tout homme courageux serait admis dans les rangs de l'armée, et pour quelques années passées à ramer sur les galères du roi, on ne serait point regardé comme indigne de devenir le fidèle sujet de sa majesté Amaury-Tancrède I. Tandis que Francœur vidait pinte sur pinte, épuisant son dernier écu et son reste de crédit, le sire de Floustignac se grisait d'ambition, et se berçait sur des nuages d'or. A la fin de leur longue station au cabaret du *Pot d'or*, quiconque aurait vu les deux conspirateurs n'aurait pu dire lequel était le plus ivre des deux, et cependant le Gascon n'avait guère bu que de l'eau.

— Après demain à une heure ! répéta le soldat en se séparant de son complice.

— Je reste pour m'entendre avec le batelier, dit Floustignac.

La voix de Grosboulot s'éleva subitement. Il renvoyait sans trop de cérémonie les habitués de son établissement, disant à l'un un bonsoir amical, bourrant l'autre du coup de poing de la camaraderie, marquant en gromelant sur une ardoise le chiffre du troisième, et criant aux servantes d'éteindre les chandelles fumeuses.

Floustignac sortit derrière Mathias Beaupré.

— L'ami, dit-il vous buvez ferme et vous devez ramer vite.

— Pas à cette heure... murmura le matelot.

— Je le comprends, mais demain ?

— Demain au lever du soleil, prêt à mettre à la voile.

— J'ai besoin de vous à midi.

— Où allez-vous ?

— A l'île de Ratoneau.

— Tiens, vous avez des parents dans les invalides.

— Et je désire les revoir.

— C'est d'un bon cousin... nous disons donc à

midi... pour l'île de Ratoncau.., ma barque est baptisée l'*invincible*.

— Le nom est de bon augure! dit Floustignac.

Marsouin prit le bras de Beaupré et tous deux marchant avec un mouvement de roulis assez prononcé s'éloignèrent de la maison de Grosboulot.

Floustignac regagna son auberge.

Innocent l'attendait.

Quand la porte de l'unique chambre fut fermée, Tancrède dit au valet avec une condescendance touchante.

— Je t'admets à l'honneur de mes confidences, Innocent... nous voici sur le point de faire fortune ! non pas une fortune mesquine dans le genre de celle des marquis de Martois et du comte d'Aubagne; mais une fortune princière, fabuleuse, insensée..; je vais revendiquer mes privilèges et me faire sacrer roi de mon île.

— De votre île !

— Si tu m'as vu accepter avec stoïscime les rigueurs de la destinée c'est que je voyais approcher le jour glorieux où je léverais le front, dominant la foule stupide de la splendeur de ma couronne.

— Vous serez comme qui dirait un monarque.

— Je serai roi en effet, Innocent...

— Et bientôt?

— Dans trois jours; d'ici là, j'ai besoin que tu gardes une réserve extrême ; mon salut, celui de mes sujets, la vie des conspirateurs sont entre tes mains.

— Mais je ne sais rien de l'affaire !

— C'est pour cela !

Innocent se gratta le front.

— Tu vas faire un paquet de mes habillements et des tiens, je ne garde que ce costume.

— Vous savez que l'autre est vendu?

— Ne me le rappelle pas ! Notre valise bouclée tu la prendras sur ton dos et tu te promèneras dans Marseille de manière à égarer complétement ceux qui pourraient avoir l'intention de te suivre.

— Oui, Monsieur... mais j'ai une idée !

— Laquelle?

— Si au lieu de porter le bagage sur ma tête, je le mettais sur le dos du cheval.

— Tu ferais une sottise.

— Bien, Monsieur.

— Tu vendras le cheval le plus cher possible et tu prendras sur la somme reçue pour vivre pendant mon absence.

— Voilà une royale parole.

— Quand tu te seras suffisamment promené, tu loueras une chambre dans la rue la plus voisine des moulins que tu vois rangés en haut de la ville à la façon d'une armée de géants dans un conte de fées.

Une fois installé, tu n'auras rien à faire, sinon à te promener, et à écouter ce que disent les bourgeois et les croquants. Tu déjeuneras dans un cabaret, tu dîneras dans un autre, tu souperas ailleurs et tu boiras régulièrement le soir au *Pot d'or*. Si une missive de moi te donnait de nouvelles instructions, tu t'y conformerais.

— Cette existence là durera longtemps?

— Moins que l'argent du cheval.

— Et après?

— Je te ferai mon maître d'hôtel.

Cette promesse agrandit la bouche d'Innocent par un sourire.

Il se conforma scrupuleusement aux ordres de son

maître; le sire de Floustignac quitta l'auberge le premier. Le valet s'arrangea avec un maquignon, et reçut quinze pistoles; il chargea ensuite la valise sur son dos, et s'achemina vers les hauteurs de l'Observance.

Pendant ce temps Floustignac gagnait le port.

Il reconnut de loin Mathias à sa taille athlétique.

Un moment après, il sautait légèrement dans le canot.

— Où allons-nous? demanda le batelier, au château d'If.

— Prison d'état: non point, l'ami; mets le cap sur l'île de Ratoneau et prends par la gauche, je t'ai expliqué cela hier. Il est vrai que tu me semblais raisonnablement gris.

Mathias prit les rames, et bientôt Floustignac fut en pleine mer, il apercevait l'île de Ratoneau, rocher énorme dont la forteresse semblait un pic. Aucun ombrage, à peine des broussailles et quelques herbes sur ces pierres battues par la vague, et auxquelles s'accrochait le goëmon. L'empire dont le Gascon devait prendre possession n'était **ni grand ni fertile**, mais il s'en consola en se souvenant de la parole de César.

Etre roi de Ratoneau valait mieux que d'être à Paris, capitaine de mousquetaire!

Suivant l'ordre reçu, le matelot gagna la gauche de l'île. Une crique au-dessus de laquelle surplombaient des roches grisâtres hantées par les mouettes dérobait complétement la barque aux regards curieux.

Mathias prit du pain, un saucisson, et commença à déjeûner. Le Gascon ressentait les tiraillements de a faim, mais il pensa qu'il se dédommagerait dans l'intérieur de la citadelle; et, à demi couché au fond du bateau, il attendit le signal convenu.

La chaleur était grande, l'ombre des roches fraîches, le sire de Floustignac s'endormit.

Un coup de sifflet aigu l'arracha au rêve qui lui montrait l'honnête Nicéphore soumettant à son appréciation une couronne royale d'un merveilleux effet, étincelante de brillants et digne du roi lui-même.

Floustignac répondit en faisant un cornet de ses deux mains. Un second signal lui ayant appris qu'il ne se trompait pas, il remit sa dernière pièce de monnaie au batelier, grimpa sur un roc, et du haut de cette éminence, regarda le bateau s'éloigner. Alors débarrassé de toute crainte, il sauta de roche en roche jusqu'au pont-levis, à la tête duquel se trouvait Francœur.

En un instant il fut baissé.

Le Gascon était dans la place.

— Tout va bien! s'écria Francœur.

— Les invalides?

— Se livrent au plaisir de la pêche.

Le Gascon monta un escalier étroit, gagna la plate-forme et domina du regard son étroit empire.

Un troupeau de chèvres bondissait çà et là, broutant les herbes salées et mordillant les arbustes.

— L'île de Ratoneau est à nous, s'écria Francœur avec enthousiasme, sachons conserver notre conquête.

Il montra à Floustignac les provisions de poudre, de balles, même de boulets. On inspecta les provisions de bouche.

Les assiégés, car ils ne manqueraient pas de l'être, pouvaient tenir huit jours; ensuite, on verrait bien.

On transporta les munitions aux endroits convenables. Quelques mousquets s'entassèrent dans un coin, on visita les petites pièces, après quoi, Floustignac ayant déclaré que l'air de la mer lui donnait un singulier appétit, les deux aventuriers se mirent tranquillement à déjeuner. Ils achevaient, quand Floustignac qui regardaient par l'ouverture d'une meurtrière dit à Francœur avec un beau sang-froid.

— Les soldats reviennent.

— Bon! répondit Francœur, les mousquets sont chargés.

En voyant qu'on refusait de baisser le pont-levis pour leur donner l'entrée de la citadelle, les invalides de la garnison de Ratoneau commencèrent par entrer dans une colère que traduisaient les mots de paresseux et d'ivrogne, envoyés à l'adresse de Francœur.

La réplique du rebelle fut un coup de feu.

La stupeur se répandit dans la petite troupe.

L'ennemi avait fait une invasion dans l'île de Ratoneau?

Les soldats sortis sans armes ne pouvaient répliquer au feu d'une façon énergique. Ils se groupèrent en face du pont paraissant demander l'explication de ce qui se passait.

Elle ne se fit pas attendre.

Francœur parut sur la plate-forme.

Assailli par une grêle d'invectives, il ne sourcilla pas, et lorsque le premier déchaînement des colères fut apaisé, il dit d'une voix calme :

— Soldats, j'ai pris possession de cette île et saurai défendre ma conquête jusqu'à la mort. Reconnaissez l'autorité réunie de Francœur I, et celle d'Amaury-Tancrède son allié, ou vous serez traités en rebelles, et passés par les armes.

On crut que Jean Gourin était devenu fou.

Le chef de la garnison l'apostropha d'une façon sévère ; un coup de feu étendit mort un homme de la bande. Cette fois, il n'y avait point à se méprendre. L'insubordination était flagrante, la révolte ouverte, seulement on ignorait combien d'hommes se trouvaient à l'intérieur de la forterese. Jamais il ne fut venu à l'esprit de quelqu'un que Francœur avait rêvé seul et mis à exécution cette fantastique idée. Quand on retrouve ce fait dans les annales de la ville de Marseille, et que les exploits du roi de Ratoneau vous sont racontés, il semble qu'on remonte bien loin dans l'histoire d'une ville moyen-âge, et que des enchanteurs ont pu seuls mener à bien une pareille aventure.

Au premier coup de mousquet tiré par Francœur, le sire de Floustignac ressentit une commotion. L'idée du sang, de la mort, des ennemis jonchant les roches nues lui parut insupportable. Mais Gourin lui ayant dit que reculer ne les avancerait désormais à rien et qu'ils encouraient déjà toute la rigueur des lois, le Gascon se trouva pris d'une rage sanguinaire et arma avec force les armes que Francœur continuait à décharger. La situation n'était plus tenable pour la garnison.

Que pouvait-elle faire ? La nuit venait. On ne distinguait plus les bateaux dans le brouillard. Force était d'attendre au lendemain, Francœur n'entendait pas gaspiller ses munitions.

Quand il cessa le feu, il descendit dans la grande salle avec Floustignac, et tous deux rédigèrent une proclamation.

Elle s'adressait à tous ceux que la guerre avait maltraités, à qui le commerce avait été défavorable, aux bourgeois criant contre les nobles, aux soldats d'aventure, aux pêcheurs sans repentir, elle racolait les gueux et les tirelaines. Il faut que tout le monde vive pensait Francœur, et la bonté de son âme, était si grande que ses bras s'étendaient pour presser tous les infortunés et tous les pauvres sur son sein.

La grande difficulté était de la rendre publique.

Le lendemain au point du jour Floustignac quitta la citadelle, et prenant par le côté opposé à celui où se tenait la garnison endormie, il ne tarda pas à aviser un bateau dans lequel se tenaient un homme et un enfant.

Faute d'argent, le Gascon payerait la commission en nature.

— Eh! l'ami, dit-il au pêcheur, vous regardez notre troupeau de chèvres?

— Un peu, monsieur, et je me disais qu'il serait heureux que ma femme eût le droit d'apporter ici chaque jour notre petit dernier, qui ne profite guère.

— Ça ferait une fameuse course!

— Vous avez raison, mais la santé de l'enfant.

— Voulez-vous gagner une de ces chèvres?

— Si je le veux!

— Eh bien attendez ! voilà, j'attachema lettre à un galet... vous remettrez ce paquet à Innocent, valet d'un grand seigneur dont il est inutile que vous sachiez le nom... Vous le trouverez ce soir au *Pot-d'or;* il a les cheveux jaunes et l'air bête... le marché vous va-t-il ?

— Je crois bien qu'il me va... et la chèvre ?

— Envoyez votre garçon la prendre.

Une minute après, l'enfant ayant saisi à la course une chèvre blanche qui était la plus belle du troupeau, on la coucha au fond du bateau, et le pêcheur prenant la lettre la mit dans sa poitrine, en jurant que le soir même elle serait remise à Innocent.

Floustignac rentra dans la citadelle.

— Tout va bien ! dit-il à Francœur, et ce soir notre proclamation sera connue de toute la ville.

— Qui la porte ?

— Un brave homme remettra nos instructions à Innocent, qui s'estimera trop heureux d'être le héraut des rois de Ratoneau. »

La matinée était splendide.

Les soldats sortant de leur abri tournèrent un regard inquiet du côté des meurtrières. Les canons des mousquets y brillaient toujours.

— Et dire que nous n'avons pas d'armes! s'écriaient-ils.

— On a muselé les loups!

Les plus sages tinrent conseil.

— Nous ne pouvons nous défendre, fuyons dit, le chef ; que faire contre les attaques de ces forcenés ? à Marseille nous réclamerons du secours, et l'autorité ne permettra pas cette insigne usurpation.

Il n'y avait pas en effet d'autre parti à prendre. Et vers le milieu de la journée, la petite troupe ayant hêlé un bateau passant à peu de distance de l'île, elle quitta la terre conquise par Francœur et son ami le sire de Floustignac.

En voyant ce résultat les deux aventuriers dans l'excès de leur joie tombèrent dans les bras l'un de l'autre.

Ils avaient vaincu.

L'écharpe de Floustignac fut arborée à la place du drapeau fleurdelisé.

L'orgueil leur montait au cerveau comme un vin capiteux. Il leur semblait déjà voir Ratoneau couverte de maisons, ayant une église, un hôtel de ville, et prenant rang au milieu des îles qui jouèrent un rôle dans l'histoire. Comme il y avait eu les îles de Chypre, de Sardaigne, de Sicile, il y aurait l'île de Ratoneau, dans laquelle la colonie composé des éléments les plus divers, se resserrerait autour des deux rois constitutionnels.

Ils rêvaient alors le plus bizarre des royaumes, ressuscitaient les vieux usages, se promettaient de planter sur les rocs un sapin à l'ombre duquel ils rendraient la justice.

Floustignac parlait de Zéline et vantait sa beauté à Francœur, qui, en retour de cette confidence, apprenait au Gascon qu'il épouserait volontiers une Arlésienne aux yeux noirs.

Tandis qu'ils devisaient tranquillement, voyant autour d'eux une mer sans orage, devant leur couvert, et courant dans la citadelle à la recherche des provisions, le brave homme à qui ils avaient si libéralement donné une chèvre en échange de sa complaisance, racontait sa bonne aubaine à sa femme.

Les deux époux souriaient en voyant le petit Pierrot jouer avec sa nouvelle nourrice.

— Maintenant, dit Loustarg, le mari, nous avons la chèvre, il s'agit de la gagner.

— Tu ne hantes guère les cabarets mon homme, trouveras-tu le *Pot-d'Or?*

— Et vite! sans entrer dans ces endroits-là on remarque les enseignes... c'est des fiers lurons qui vont là-dedans... comme çà, le garçon que je cherche ayant les cheveux jaunes et l'air bête... il ne sera pas difficile à trouver... »

Loustarg embrassa sa femme et son enfant. Une demi-heure après il paraissait sur le seuil du cabaret.

Un homme aux cheveux jaunes et plats se tenaient mélancoliquement appuyé contre la croisée.

« Innocent! dit Loustarg.

— Vous me connaissez? demanda le valet.

— J'ai une commission à vous faire.

— De la part de qui?

— De la part de votre maître.

— Vous l'avez vu?

— Je lui ai même parlé!

— Où?

— Dans l'île de Ratoneau.

— Loin d'ici?

— On la voit de Pomègue et du château d'If.

— Que peut-il me vouloir? se demanda Innocent.

— Voilà sa lettre.

Innocent prit la missive, la décacheta d'une main tremblante et la lut en pâlissant.

— C'est donc vrai! murmura-t-il, il ne rêvait pas... mon maître a reconquis le royaume de ses ancêtres! Vive Dieu! par les tourelles de mes pères! comme il répétait avec tant de noblesse, nous voilà montés plus haut que nul ne pouvait l'attendre. Et savez-vous ce qu'il promet à ceux qui deviendront les sujets de son empire? non pas une poule au pot comme le roi Henri de Navarre, qui cependant aimait son peuple, non pas un éternel soleil, la cheminée du bon Dieu, comme disait le roi René, mais une chèvre à la broche tous les dimanches!

— Une chèvre à la broche! répétèrent des buveurs qui avaient entendu cette dernière partie du discours d'Innocent.

— Ni plus ni moins.

— Et qui est-ce qui promet cela ?

— Le roi de Ratoneau

— Le roi de Ratoneau ! vous moquez-vous d'honnêtes gens qui vident leur brocs à leur santé personnelle et à la prospérité du royaume ? Croyez-vous que monsieur le Gouverneur de Provence souffrirait que quelqu'un prît le titre d'une propriété du roi ?

— C'est vrai ! répéta Innocent, et la proclamation du monarque de Ratoneau, je vais vous la lire, pour peu que cela vous amuse !

— Lisez ! lisez ! crièrent vingt voix.

— La proclamation !

— Vive le roi de Ratoneau ! » hasarda un buveur à moitié gris.

Innocent commença.

    A nos futurs et aimés sujets, salut !

Ayant pris subitement, et sans grande effusion de sang, pleine et entière possession de l'île de Ratoneau, faisons savoir à tous ceux qui viendront dans le dit territoire de cette île, que des concessions de terrain leur seront faite avec une grande générosité ; de plus, afin d'aider aux ménages pauvres, chaque famille recevra le dimanche une chèvre destinée à l'alimentation de la famille.

Les impôts sont abolis.

Le roi règne et ne gouverne jamais.

Leurs majestés, afin de donner une juste idée de la concorde sur la terre, partageront le trône de Ratoneau. Elles rendront elles-mêmes la justice, sans acception de personnes.

Nul ne doit craindre que l'entrée du libre royaume de Ratoneau lui soit refusée.

Leurs majestés oublient maguanimement les injures faites aux souverains leurs voisins et non leurs alliés : — Ratoneau est décrétée lieu d'asile !

En notre forteresse, ce jourd'hui, 17 juin 16**.

Jean I et Amaury-Tancrède I,

Rois de Ratoneau.

Cette proclamation eut du succès.

La chèvre hebdomadaire, le lieu d'asile, les rois

amis régnant et ne gouvernant pas, toutes ces images un peu confuses flattèrent d'autant mieux l'imagination de la populace hantant le cabaret qu'elle en approfondit moins le sens. Un hourra d'enthousiasme fit tressaillir Innocent de joie.

On l'enleva de la table sur laquelle il était monté ; on le porta en triomphe.

— Vive le roi de Ratoneau ! criait-on.

— Vive le lieu d'asile !

— Vivent les chèvres !

Ce fut bientôt un tapage un assourdissement général.

Loustarg se souvint à propos que sa femme et Pierrot l'attendaient ; il s'esquiva à la faveur du tumulte. Sa commission était remplie. Il n'éprouvait nullement le désir de se voir mêlé à une conspiration de quelque sorte que ce fût. Bien lui en prit car au moment où il disparaissait et enfilait une ruelle, les cris des buveurs redoublant, et leur ivresse devenant de plus en plus conspiratrice, deux rudes coups ébranlèrent la porte du cabaret de Grosboulot.

—Vive le roi de Ratoneau! hurlaient des gens ivres.

— Le guet ! balbutia l'aubergiste en pâlissant.

— Qui conspire ici ? demanda le sergent.

— Personne ! nous buvons, nous ne conspirons pas ! nous aimons à l'occasion un quartier de chevreau : et comme on nous promet du gibier de cette sorte au nom du roi de Ratoneau, nous crions : Vive le...

Le sergent mit rudement la main sur la bouche de celui qui venait de lui donner cette explication.

— Ah ! vous êtes du parti du roi de Ratoneau ?

— Entendons-nous, nous sommes pour la chèvre à la broche.

— Savez-vous ce que c'est que le roi de Ratoneau ?

— Non, Monsieur le sergent.

— Alors pourquoi criez-vous pour lui ?

— Pour crier, donc !

— Cette raison est une raison de révolutionnaire, de ligueur, de frondeur, d'ennemi de l'État et du roi... le prétendu roi de Ratoneau est Jean Gourin, dit Francœur !

— Non ! interrompit Innocent, c'est mon maître, le...

— Silence ! laissez parler le sergent !

— Francœur… un rebelle.

— Ah !

— Un révolté, un assassin… »

Un murmure d'indignation courut dans l'assemblée.

— Il a blessé deux des invalides en tirant sur eux du haut de la forteresse dont il s'est frauduleusement emparé, et en a tué un troisième… avant deux jours il sera pendu…

Innocent garda le silence.

— Quelqu'un est-il encore décidé à crier : Vive le roi de Ratoneau ?

— Oh ! monsieur le sergent ! dirent les buveurs avec peine.

— Qui a fomenté ce trouble ?

— Lui ! lui ! répéta-t-on en désignant Innocent.

Le malheureux ne pouvait nier, il tenait encore la proclamation.

— Allons ! allons ! dit le sergent, cela t'apprendra à te mêler des affaires d'État. La prison est faite pour les perturbateurs…

— Mais je vous jure...

— As-tu lu ce papier à haute voix ?

— Je le confesse.

— De qui le tiens-tu ?

— D'un inconnu qui me l'as remis d'une façon mytérieuse et qui a disparu aussitôt... Dites donc que cela est vrai, s'écria Innocent en se tournant vers la foule... On m'accuse, défendez-moi, vous qui tout à l'heure, me portiez en triomphe...

Mais personne ne plaida la cause d'Innocent. Chacun avait peur de se compromettre, et le malheureux valet fut emmené par le guet. Ce n'est point que le sergent jugeât le pauvre diable bien coupable ; mais il régnait une grande irritation parmi les soldats au sujet du coup de main de Ratoneau. On avait blessé des invalides, tué un vieillard glorieusement mutilé dans les guerres de Flandres : cet attentat appelait une vengeance éclatante. Innocent fut reconnu trop naïvement bête pour avoir trempé dans le complot.

D'ailleurs il habitait à Marseille depuis deux mois à peine et n'y connaissait personne. Une mauvaise nuit ne le tuerait pas, et on finirait peut-être par apprendre quelque chose de relatif à l'expédition de Ratoneau. On lui fit donc subir un interrogatoire en règles ; il ne prononça pas une parole compromettante pour son maître, et fut relâché le lendemain, à la condition qu'il reprendrait incontinent la route de Ravenols.

Comme Innocent était un valet honnête, il se rendit chez madame Bertrand, lui remit dix pistoles appartenant, disait-il à son maître, se contentant d'en conserver cinq pour sa route. En outre il suppliait Agathe de vouloir bien dire au comte de Floustignac que l'autorité le chassant du territoire de Marseille, il allait attendre son heureux retour à la ferme de Mathée.

Cet épisode prouva mieux que toutes les paroles de Floustignac la vérité du passage de sa lettre dans lequel il disait :

« Je conspire ! un trône... ou la mort ! »

Zéline et Agathe se demandèrent à partir de ce jour à quel héros de l'antiquité, à quel chercheur de brillantes aventures, à quel poursuivant d'empire on pouvait comparer Amaury-Tancrède? et ne le trouvant point, elles conclurent qu'il était le plus digne, le plus noble, le plus brave des gentilshommes de France et de Navarre !

VIII

Le Roi de Ratoneau.

La joie des aventuriers en voyant fuir de l'île qu'ils venaient dans un jour de conquérir et de défendre, la garnison que le gouverneur de Provence y avait placée, ne se peut décrire. Elle devint une ivresse dans le sens absolu du mot, car pour fêter dignement leur gloire, Francœur et Floustignac vidèrent six bouteilles des vins généreux qui leur tombèrent sous la main. Pendant qu'ils qu'ils choquaient leurs verres, ils s'entretenaient de l'effet produit par la proclamation, et ndaient avant la fin du jour à voir aborder dans tous les citoyens nouveaux de cette terre de l'ingence et de la liberté.

A la vérité des barques de pêcheurs parurent seules; mais les rois de Ratoneau réfléchirent que même, pour les hommes dépourvus de fortune, il fallait le temps d'achever certains préparatifs. Le lendemain ils continuèrent à mener joyeuse vie. Un canot rempli de soldats croisait devant l'île. Floustignac et Francœur crurent nécessaire de leur prouver que la garnison rebelle ne s'endormait pas, et deux coups de mousquets retentirent en se répercutant dans les rochers de Ratoneau.

A Marseille on se préoccupait fort de ce coup de main : combien d'hommes se trouvaient dans la citadelle, on l'ignorait, mais ce dont on était sûr, c'est que les hardis conquérants de l'île se trouvaient peu nombreux.

Le difficile n'était donc point de venir à bout des hommes, mais bien de s'en emparer.

Défendus par les murailles, ils tiraient sans danger sur les troupes, et il répugnait à l'autorité de sacrifier

sans gloire la vie de braves gens dans une expédition
de ce genre. La patience était le moyen le plus sûr à
employer. Les vivres ne pouvaient durer que quelques
jours ; la faim ferait autant que le canon et n'exposerait personne. Floustignac et Francœur ne manquèrent pas d'attribuer à la peur l'abstention de toute attaque à main armée. Ils ne songeaient pas au blocus;
et, d'ailleurs, convaincus que l'île étant décrétée lieu
de refuge ne pouvait manquer de se peupler avant la
fin de la semaine, ils attendaient les approvisionnements de leurs sujets. Rien ne parut, cependant. Les
rois de Ratoneau isolés au sein de leur grandeur n'apercevaient que la mer immense et bleue sillonnée
par des barques, le ciel rayé de voiles blanches à l'horizon, et le troupeau de chèvres bondissant sur les
roches et broutant les herbes rares.

Le pain manqua. Floustignac découvrit un sac de
farine, et Francœur confectionna quelque chose de détestable qui n'était pas du biscuit, mais qui ne ressemblait pas davantage au pain, car le levain manquait, et on remarquait l'absence d'un four dans la
citadelle. Le Gascon déclara qu'il préférait la bouillie,

et grâce au lait des chèvres les aventuriers vécurent pendant trois jours à la façon des Spartiates.

— Cela ne peut pas durer! dit tout à coup Francœur à la fin d'un dîner qui lui creusait l'estomac au lieu de le remplir.

— Je commence à croire que la proclamation n'a pas été lue au peuple.

— Le pêcheur l'a-t-il remise?

— Il semblait honnête, mais les gens du roi ont pu l'arrêter comme perturbateur et massacrer Innocent.

— Il ne sera pas dit cependant que nous céderons notre conquête.

— Plutôt mourir!

— Sans doute, mais autrement que de faim... Il s'agit de se procurer des vivres... Personne ne nous en apporte, prenons-en.

— Prenons-en! c'est cela, prenons-en! mais par quel moyen?

— Floustignac, vous manquez d'imagination... qu'est-ce qui fait la richesse des royaumes?

— Les impôts.

— Sommes-nous rois?

— Nous le sommes.

— Mettons des impôts sur le peuple.

— Le peuple... mais jusqu'à présent... nous décimons les chèvres, c'est tout ce que nous pouvons faire.

— Nous rançonnerons les navires.

— Vous êtes un grand homme! s'écria Floustignac.

— Je le sais... répondit modestement Francœur.

— En effet, à partir de ce jour les navires passant à la hauteur de l'île de Ratoneau payèrent un tribu aux aventuriers.

La vie matérielle leur était assurée.

Chaque soir tous deux, un fanal à la main, quittaient la forteresse, inspectaient les postes. Ils suffisaient à tout; et rentrés dans la salle commune où ils couchaient tous deux, ils passaient de longues heures à s'entretenir des gigantesques projets qui se pressaient dans leurs cerveaux.

Le nouveau système inventé par Francœur déconcerta un peu l'autorité. Il fallait y songer à deux fois avec des conquérants de l'espèce des souverains de Ratoneau. La piraterie les mettant à l'abri de la famine, pour ne pas jouer un rôle ridicule dans cette affaire, il s'agissait d'inventer un stratagème, et de s'emparer au plus vite des garnisaires. La force devant échouer, on eut recours à la ruse.

L'île de Ratoneau était assez dominée par le château d'If et par Pomègue, pour qu'il fût facile de voir qu'à l'entrée de la nuit un fanal se promenait sur les roches. Les soldats assez incrédules sur le chapitre des revenants, en conclurent que le fanal était porté par Jean Gourin.

Si Jean Gourin sortait, la citadelle restait libre. Floustignac ayant abordé d'une façon mystérieuse, on ignorait sa présence à Ratoneau et on ne comptait que Francœur. D'ailleurs peu importait en réalité que le Gascon fût ou ne fût pas l'aide et le complice de Jean Gourin, puisque tous deux, à l'heure de l'inspection se partageaient l'île pour faire leur ronde d'inspection.

Le gouverneur de Provence ordonna donc à une compagnie de débarquer dans l'île pour s'emparer de Jean Gourin, en profitant du moment où il serait hors des murs.

On entrait dans le mois de novembre. La nuit tombait vite, les soldats montèrent dans des barques, abordèrent sans bruit, et déposèrent sur les roches des armes et des échelles.

Tapis dans des anfractuosités, ils atttendirent que le fanal de Francœur s'allumât.

Il faisait un temps épouvantable.

La pluie tombait avec abondance ; le tonnerre grondait.

— Bah ! dit Floustignac à Francœur, nous avons trouvé tous les soirs précédents notre île paisible, épargnons-nous une course qui va nous mouiller jusqu'aux os.

— Non, répondit Francœur ; si vous vous estimez trop gentilhomme pour avoir vos habits transpercés par la pluie, restez dans la souricière ; quant à moi je ferai mon devoir de souverain, de général et de soldat.

— J'irai donc, murmura Floustignac avec résignation.

Tous deux allumèrent les fallots.

Pendant ce temps secondés par la pluie et par l'orage, les soldats envoyés par le gouverneur se glissaient jusqu'au pied de la citadelle.

Ils dressèrent sans bruit leurs échelles ; arrivés au haut, ils se laissèrent glisser, ils se trouvèrent bientôt sous les remparts du donjon.

Deux ombres parurent alors.

Francœur abat le pont-levis et tourne vers la gauche, tandis que le Gascon se dirige vers la droite.

A peine Francœur est-il reconnu que les soldats se précipitent sur lui en poussant un cri de victoire. Ce cri avertit Floustignac du danger, il éteint le fanal, et protégé par la nuit et l'orage, court du côté opposé à celui où se trouvaient les soldats.

Francœur, surpris et comprenant que la partie est perdue, fait bonne contenance.

— Braves gens, dit-il, c'est bien, c'est la loi des batailles! Le roi de France est plus puissant que moi, il a de bonnes troupes. Je me rends avec les honneurs de la guerre, demandant seulement à emporter mon havresac et ma pipe.

On lui fit cette concession.

Il jeta un regard mélancolique sur l'île qui avait été

son royaume ; et, ramené par les soldats dans une salle du donjon, il causa de son aventure avec gaieté.

On lui demanda s'il avait des complices ; il répondit, non.

Floustignac était sauvé par son silence.

Le lendemain il monta dans une barque ; et, toujours escorté par les soldats, il descendit sur le port et traversa la ville de Marseille.

On eût dit un triomphateur.

Le peuple se pressait pour le voir, les fenêtres se garnissaient de curieux, quelques voix crièrent :

— Vive le roi de Ratoneau !

Il lui sembla reconnaître dans le nombre un accent gascon, et tournant la tête il jeta un rapide coup-d'œil autour de lui : une main ornée d'une bague souleva un feutre à plume connue.

— Floustignac, dit Francœur, tout n'est peut-être pas perdu.

C'était bien le Gascon en effet.

Quand il eut assez couru pour se croire sûr de n'être pas rejoint par les soldats qui venaient de reprendre la citadelle et de faire Francœur prisonnier, il songea au moyen de sortir de l'île sans se compromettre, ce qui n'aurait en rien avancé les affaires de Jean Gourin dit Francœur.

Au matin il aperçut une voile.

Des pêcheurs rentraient à la ville.

Floustignac a vite trouvé un expédient. Il quitte presque tous ses vêtements, en fait un paquet, l'assujettit sur sa tête et se jette bravement à l'eau. Il ne nageait pas trop mal pour un Gascon, et parvint à rejoindre la barque dont il saisit le bord avec l'énergie d'un homme qui se noie.

— Quel fou êtes-vous donc, pour vous baigner à cette heure? demanda rudement le matelot.

— Je ne me baigne pas, je suis un naufragé!

Et Floustignac inventa une histoire qui convainquit d'autant mieux le pêcheur qu'elle était plus incroyable.

On ne refuse jamais une place dans un canot à un homme qu'on rencontre en pleine mer. Floustignac se r'habilla avec une aisance et un sang-froid merveilleux, demanda l'adresse au pêcheur afin de le récompenser généreusement et en gentilhomme, et une fois à terre il se mit à la recherche d'Innocent. Celui-ci se trouvait alors sur la route de Ravenols. Ce fut en se dirigeant vers les moulins qu'il rencontra le cortége de soldats donné par l'autorité à l'usurpateur de Ratoneau. Floustignac salua son frère; et une idée généreuse lui traversant l'esprit, il se dit qu'il reconnaîtrait le silence de Francœur en s'employant à sa délivrance.

Briser des verrous, franchir des murailles, lutter contre des sentinelles, tout cela souriait à l'aventureux Tancrède.

Hélas! ce ne fut point dans une prison d'état que l'on conduisit Francœur.

On ne le traita pas en conspirateur, mais en fou.

L'hôpital des insensés reçut le roi de Ratoneau.

Floustignac était sincère quand il se promettait de sauver ce soldat aventureux; le nerf de la guerre manquait malheureusement; sans argent la séduction des geôliers devient difficile. Il ne fallait pas songer à soulever des partisans à Francœur.

Cependant comme on s'aperçut que Jean Gourin avait des communications avec l'extérieur, on le transféra de l'hôpital des fous à l'hôtel des Invalides.

Son rêve de gloire était fini. Il suffisait à remplir ses souvenirs et à faire de lui un personnage. La bouffée de folie qui lui avait monté au cerveau se dissipa. Il trouva que l'autorité se montrait indulgente, et une lettre qu'il fit tenir à Floustignac remerciait ce dernier des généreux efforts qu'il avait tentés pour lui venir en aide et l'engageait à chercher dans une situation plus modeste un moins éphémère bonheur.

Heureusement que Floustignac gardait des espérances du côté de mademoiselle Zéline.

Les aventures de Francœur, auxquelles la femme et la fille de Bertrand savaient que le Gascon se trouvait mêlé, loin d'affaiblir le prestige environnant sa personne, le doubla de tous les caractères du merveilleux. Agathe et Zéline ne prononcèrent plus son nom; mais l'une accusa son mari d'être un mauvais époux, l'autre de se montrer un père inflexible.

On mit Nicéphore en quarantaine chez lui.

On ne lui parla plus. Il était traité en fou méchant et en lépreux. Cette vie lui devint tellement insupportable qu'il ne tarda pas à regretter les scènes que ne lui épargnait point autrefois l'humeur bizarre des deux femmes.

Il se consolait un peu avec Robert.

Depuis la folle déclaration de guerre faite à Nicéphore par les deux orgueilleuses créatures, il renonçait complétement à l'idée de faire son gendre du patient et habile apprenti.

Celui-ci encourageait son patron à la patience.

— Elles se calmeront ! disait-il.

— Non! répondit Nicéphore, tu ne les connais point; je me verrai forcé de céder; ou plutôt j'accorderai ce consentement qu'elles exigent, pour les punir de leur malice et de leur obstination, ah! ma fille prétend épouser le sire de Floustignac ! par ma foi, je dirai oui, un jour que je me sentirai bien en colère, et Dieu merci, ce n'est pas moi qui le regretterai davantage... Et quand je songe que préoccupé du bonheur de cette ingrate Zéline, je faisais le projet de lui donner un mari tel que toi ! elle ne te vaut pas, et je suis loin d'y songer maintenant ! Des défauts de caractère, cela se corrige, et tu en serais venu à bout, si elle ne prouvait par sa conduite que le cœur est sinon gâté, du moins entamé. »

Robert plaidait la cause d'Agathe et celle de Zéline, non qu'il les approuvât, mais afin de calmer le brave Nicéphore, auquel il s'attachait de plus en plus.

Cependant l'intérieur de cette maison devint intolérable.

Les scènes se renouvelaient chaque jour.

Floustignac recommençait ses stations en face de la vitrine de l'orfèvre.

Un beau jour, tandis qu'il restait en contemplation devant un collier, et que Zéline le regardait à la dérobée, Pombal se leva et se dirigea vers la porte de la boutique.

Robert s'élança vers son patron.

Zéline prit le parti de s'évanouir.

Agathe éclata en sanglots.

— Qu'allez-vous faire? demanda l'apprenti effrayé.

— Ne crains rien, répondit Pombal.

Il sortit, prit brusquement le poignet de Floustignac et l'attira dans le magasin.

Le Gascon surpris n'osa résister.

— Monsieur, lui dit Nicéphore d'une voix qui n'avait rien de rassurant, vous mettez le désordre dans ma maison... vous jetez la perturbation dans mon repos domestique... vous agissez en homme d'intrigue et non point en homme d'épée. Je suis las de vos façons, las des jérémiades de ma femme et des pleurnicheries de ma fille... vous êtes amoureux de Zéline...

— Oh! monsieur!

— Eh bien! épousez-la.

— Vous dites, monsieur...

— Je dis : épousez-la : vous êtes sans fortune, n'est-ce pas...

— Monsieur, le domaine de Ravenols...

— Ne vaut pas quatre deniers, c'est convenu. Je ferai à ma fille six cents livres de rente...

— Certainement, monsieur...

— Vous attendiez davantage, n'est-ce pas? J'étais en effet dans l'intention de faire plus, mais prenant en considération l'affection qu'elle vous porte, affection si grande qu'elle oublie ce qu'on doit à son père, je veux lui laisser tous les bénéfices de cette tendresse auprès de laquelle elle compte tout pour rien!

Zéline commençait à revenir à elle, Agathe s'essuyait les yeux.

— Que vous êtes bon, mon père! dit la jeune fille.

— Bon, moi! allons donc! pour la première fois de ma vie je me montre égoïste... c'est votre faute à toutes deux... Vous me taquinez, vous me tracassez, vous me martyrisez depuis que monsieur prétend à votre main... J'avais l'intention de me retirer des affaires, à plus forte raison veux-je renoncer au but et être tranquille chez moi, quand je faisais le rêve de vous établir selon mon choix, je vous abandonnais tout ce que je possède et nous vivions en commun... votre dureté a dénoué bien des nœuds; vous habiterez Ravenols avec votre époux... Vos torts ne m'empêchent point de souhaiter que vous soyez heureuse... et, plus tard, si le malheur vous frappait, vous trouveriez encore mes bras ouverts.

Zéline se sentit attendrie.

Floustignac semblait assez embarrassé de sa personne.

Il espérait que l'orfèvre compterait une grosse dot en belles espèces sonnantes, et la rente de six cents livres était loin de le satisfaire. Que devenaient ses projets de faire reconstruire le manoir, de meubler la demeure seigneuriale, et de choisir pour la future suzeraine de Ravenols de fines dentelles et de précieux bijoux ?

La réflexion corrigea vite l'impression reçue.

Nicéphore cédait en ce moment à un mécontentement profond ; mais peu à peu on l'en ferait revenir, et il n'aurait jamais la cruauté de fermer sa maison à sa fille et à son gendre.

Ensuite un des côtés orgueilleux du caractère du Gascon lui interdisait de reculer du moment qu'une question d'intérêt était soulevée.

Une sorte de donquichottisme le retenait.

Il s'avança donc respectueusement vers Nicéphore.

— Monsieur, lui dit-il, vous avez en retour du don inappréciable que vous me faites en m'accordant la main de votre fille, acquis tous les droits à ma reconnaissance, et j'ose affirmer que son bonheur vous fera revenir de vos préventions.

— Je le souhaite sans l'attendre, répondit le marchand.

Agathe conduisit Zéline vers Floustignac.

— J'ai confiance, dit-elle; votre fidélité me garantit la sincérité de votre affection.

Madame Bertrand mit la main de sa fille dans celle de Floustignac.

— Nous signerons le contrat dans huit jours, dit Nicéphore.

Zéline voulut embrasser son père, celui-ci la repoussa sans dureté, mais il ne pouvait lui pardonner encore.

Floustignac prit congé.

En somme, il s'estimait heureux d'en finir avec sa vie bohémienne : l'épisode de l'île de Ratoneau ne laissait point de lui causer de vagues inquiétudes ; une fois rentré dans ses terres avec sa femme, il vivrait paisiblement, en attendant le pardon que l'excellent Nicéphore ne pourrait refuser toujours.

Il continua donc à rêver et à bâtir des projets, tout en cherchant Innocent, et en s'enquérant de trouver un **tailleur** qui consentît à lui faire à crédit son habit de noces. Il le voulut magnifique, splendide, bleu ciel, couvert d'argent sur toutes les coutures et annonçant de loin que celui qui le portait était un gentilhomme de lignée.

Pendant ce temps, Agathe et Zéline s'entretenaient de l'avenir, couraient les magasins, choisissaient le trousseau. La mère, pour ne point battre en brèche les idées de son mari, ne parla de faire aucune folle dépense ; elle sacrifia bon nombre d'objets lui appartenant, se déposséda de ses dentelles et d'une partie de ses bijoux, et parvint à satisfaire Zéline qui se préoccupait fort de sa toilette et se tourmentait dans la crainte de se trouver au-dessous de sa situation nouvelle.

Agathe fut charmante pour son mari.

Nicéphore boudait plus que jamais.

Il fallait qu'on eût poussé à bout cette douce nature pour qu'il eût pris une aussi grave décision. Ce mariage lui causait une peine extrême. Floustignac ne lui inspirait pas de confiance ; mais le pauvre homme, accoutumé à une existence tranquille, ne pouvait se résoudre à souffrir une guerre sourde, intestine, et savait qu'il serait mort d'ennui, de fatigue ou de colère, s'il ne prenait pas un parti violent.

— Robert ! disait-il, je crois que j'ai eu tort de consentir ; mais ces deux femmes me tuaient.

— Ne désespérez de rien, monsieur Pombal ; le futur de votre fille paraît épris et désintéressé.

— Détrompe-toi ; il tient à l'argent, et il pense que sa présente générosité deviendra productive... Les pères sont malheureux ! Le mari que je rêvais, c'était toi ; je comptais tout te donner, et mon cœur t'adoptait déjà... mais tu n'aimes pas ma fille, et cette petite sotte s'est affolée d'un chevalier... Que chacun de vous suive donc sa voie, Robert... Je suis sûr que tu feras un mariage d'amour, et que cette belle jeune fille, Mademoiselle Fleur...

L'apprenti changea de visage.

— Fleur ne m'aime pas ! dit-il... il fut un temps où je l'espérais, mais sans doute elle a réfléchi... elle ne manquera point de trouver un parti meilleur...

— Tu parais bien triste en disant cela ?

— Moi, monsieur Bertrand ; vous vous trompez... elle ne m'a rien promis, elle est libre...

— Et toi ?

— Oh ! moi, je ne me marierai jamais...

— C'est bien long, murmura Nicéphore.

Marianne et Fleur furent invitées au mariage.

Depuis qu'elle savait que Floustignac épousait Zéline, la jeune fille reprenait sa gaieté. Elle avait bien pu par dévouement feindre l'indifférence afin de n'entraver en rien des projets dont la réussite était une fortune ; mais au fond de son cœur, en voyant échouer la conspiration de Nicéphore dans laquelle elle était entrée, la joie qu'elle ressentit lui fit comprendre à quel point elle restait attachée au compagnon de son enfance.

Ce fut donc avec une joie enfantine qu'elle s'occupa de sa toilette.

Pour la première fois de sa vie elle voulut être belle. La coquetterie ne troublait cependant point cette sage créature ; si elle souhaita paraître élégamment et gracieusement mise, ce fut plutôt par un besoin de son cœur que par une fantaisie de sa vanité.

Le soin de sa parure ne lui fit cependant pas négliger son travail.

Pendant tout le jour l'aiguille allait son train. La nuit seulement elle prit un peu sur son sommeil. Ce qu'elle ne se permit point ce fut de prélever un peu d'argent pour sa parure.

Marianne avec des prévoyances de mère, et comme pour dédommager la jeune fille d'avoir pu croire que tout allait changer dans sa vie, chercha dans les rayons de son armoire une robe de linon oubliée lors de la vente des objets inutiles. Du linon! cela est si peu, et suffit si bien pour parer une fille de l'âge de Fleur ! La robe coupée à sa taille, égayée par des rubans bleus, devint une petite merveille, et le jour où Zéline se mariait, quand Robert vint prendre sa mère et Fleur pour les conduire chez maître Nicéphore, il s'arrêta un moment comme ébloui devant la fraîche jeunesse de sa sœur adoptive.

Celle-ci lui sourit comme dans leurs meilleurs jours.

— Ma mère, dit Fleur à Marianne en l'embrassant, dis-lui donc que je n'eusse jamais voulu devenir un obstacle à sa fortune, mais que je ne me serais pas facilement consolée en voyant s'écrouler mes projets d'enfant, qui sont devenus des rêves d'avenir.

— Ah! vous êtes bonne, Fleur !

— Pourvu que je ne reste pas trop longtemps à la fenêtre, n'est-ce pas?...

Robert rougit, offrit son bras à sa mère, et tous trois se dirigèrent vers la maison du bijoutier.

Zéline, assise entre sa mère et le sire de Floustignac éblouissant sous son habit de velours bleu galonné d'argent, jouait ce matin-là le rôle d'une bonne princesse. Elle condescendait à parler à tout le monde. Grande dame de la veille, elle ne s'en faisait pas trop accroire. Sa parure eût fait envie à tout autre qu'à Fleur. Nicéphore chargea Zéline d'attacher un bracelet au fin poignet de la jeune fille ; on se félicita ; Floustignac avait très-grand air, Agathe rayonnait. Deux carosses attendaient la mariée et ses parents ; on partit pour la Mayor.

Les deux fiancés prononcèrent le mot qui les unissait, d'une façon brave et résolue ; Robert regarda Fleur ; celle-ci pencha le front sur son livre d'heures et pria avec une ferveur nouvelle.

Elle demanda le retour du captif. Elle supplia Dieu d'opérer un miracle, et de n'abandonner ni la veuve fidèle et dévouée, ni le fils respectueux et travailleur ;

elle ajouta qu'à l'heure où tous se trouveraient heureux et réunis, elle oserait à peine former un vœu encore. La cérémonie achevée, l'on rentra chez les Bertrand où le festin était préparé. Le dernier mot était dit, Nicéphore s'apaisa. Un regret, une sorte de remords le portait à l'indulgence. Il se sentait pris d'une effroyable peur que Zéline se trouvât tout-à-fait malheureuse. Il se reprochait son consentement comme une preuve d'égoïsme ; aussi devint-il presque tendre pour Zéline, et au dessert mit-il sur son assiette une bourse de cent pistoles pour les dépenses de son voyage. Le brave homme qui, le jour où il acquiesça à ce projet de mariage, paraissait si pressé de voir partir Zéline, la retint huit jours encore. Il prit à part son mari, lui fit une longue mercuriale, le catéchisa sur son orgueil et son entêtement, et finit par lui promettre qu'il aurait sujet de se louer de lui s'il rendait sa fille parfaitement heureuse.

Floustignac le promit.

Quand vint l'heure du départ, on s'attendrit, on pleura, et Nicéphore prenant sa fille dans ses bras :

— Si tu t'ennuies trop là-bas, dit-il, reviens...

— Seule?

— Eh non! tu le ramèneras.

Les époux partirent.

Floustignac se conduisit mieux qu'on aurait pu croire. Il témoigna des égards à sa femme; et, songeant sans doute que si sa situation s'améliorait, il lui en était redevable, il prit à tâche de lui être agréable.

Il est vrai d'ajouter que ces attentions avaient un peu pour but d'amoindrir la désillusion qui attendait la femme du sire de Floustignac en se trouvant sur les terres de son mari.

L'absence du valet laissait les champs en friche; la ruine de Ravenols n'était pas habitable, et force fut de courir chez Mathée et de lui demander les deux chambres jadis occupées par Mademoiselle Angelberge de Miramande.

Zéline supporta ces déceptions avec courage.

Elle comprit que son père avait mieux vu qu'elle-même; elle lui fut reconnaissante de son opposition, et se dit que pour effacer ses fautes envers lui, elle n'avait qu'une chose à faire : rendre Floustignac plus digne d'estime.

Ce vantard, ce batailleur éprouvé dans la lutte de la vie sut gré à Zéline de sa douceur. Elle ne lui reprocha ni ses mensonges ni ses faiblesses. La leçon était dure, elle la corrigeait tout d'un coup.

Six cents francs de rente n'étaient pas nécessaires pour vivre chez Mathée ; on ferait des économies, et ces économies serviraient à restaurer la ruine.

— Mon cher Tancrède, dit Zéline, la chapelle est intacte, nous la conserverons ; si vous m'en croyez, nous ferons abattre le reste du château ; les matériaux serviront à construire une maison commode et simple en rapport avec nos revenus, votre écusson s'encadrera au-dessus de la porte et il suffira pour prouver que vous êtes d'une honnête famille. Les meubles entassés dans la grande salle sont beaux, nous les garderons ; deux années de travail bien employées amènent de grands résultats. J'ai ouï dire que l'on avait vu des gentilshommes labourant l'épée au côté, vous ne dérogerez donc point en songeant à l'amélioration de vos terres. Le plus sûr moyen de tenir son rang est de savoir se faire respecter.

Floustignac approuva tout.

La ruine abattue, on commença à bâtir la maison. Elle se trouvait située au milieu d'un jardin à l'extrémité duquel se dressait la chapelle. La surveillance des ouvriers, les détails d'aménagement occupèrent trop Floustignac et sa femme pour qu'ils eussent à souffrir de la différence de leurs caractères. Chacun d'eux croyait avoir à se faire pardonner. Zéline montra beaucoup de prudence, Amaury-Tancrède une grande douceur, de sorte que Nicéphore et Agathe restèrent agréablement surpris en recevant des lettres qui témoignaient, sinon du complet bonheur, du moins de l'entente des deux époux. Bertrand montra l'une d'elles à Robert :

— Je suis content ! dit-il, très-content ! Zéline s'occupe, son mari se range; ils finiront peut-être par s'aimer tout à fait et devenir complétement heureux !... Dans six mois ils viendront passer quelques semaines avec nous; je vois avec plaisir que l'usurpateur de Ratoneau, se fait tranquillement campagnard et fermier... Le travail sauve de tout, corrige de tout.

Robert soupira. Il travaillait toujours, hélas ! et cependant sa situation restait la même.

IX

Le promeneur

Il faisait une riante matinée de printemps, et le soleil, inondant de lumière un immense cabinet de travail, semblait inviter l'homme qui demeurait penché sur son bureau à suspendre son travail opiniâtre pour jouir des beautés de la journée. Il y avait tant de parfums dans l'air, et la Méditerranée était si calme et si bleue.

Cependant malgré les invitations des rayons d'or, le laborieux écrivain continuait sa tâche.

On frappa à sa porte, il n'entendit pas.

Alors une petite main l'ouvrit et une voix douce demanda :

— Charles, ne sors-tu pas un peu? Vraiment, pendant les jours que tu donnes à mon amitié, je voudrais te voir profiter amplement de tout ce qui te manque à Paris... l'air, la mer, l'espace !... les pages savantes, philosophiques, éloquentes que tu traces sont le bonheur et la délectation des autres ; essaye de vivre un peu pour toi.

— Ah! tu as bien raison, chère sœur ! aussi j'achève ce paragraphe et je ferme le cahier.

La jeune femme se pencha sur le dossier de la chaise de l'écrivain et lut à mesure qu'il écrivait :

« Ce qui fait les grandes beautés, c'est lorsqu'une chose est telle que la surprise est d'abord médiocre, qu'elle se soutient, augmente, et nous mène ensuite à l'admiration. Les ouvrages de Raphaël frappent peu au premier coup d'œil : il imite si bien la nature que l'on en est d'abord pour plus étonné que si l'on voyait l'objet même, lequel ne causerait point de surprise. Mais une expression extraordinaire, un coloris plus fort, une attitude bizarre d'un peintre moins bon nous saisit au premier coup d'œil, parce qu'on n'a pas coutume de la voir ailleurs. On peut comparer Raphaël à Virgile, et les peintres de Venise avec leurs attitudes forcées à Lucain. Virgile, plus naturel frappe d'abord moins, pour frapper ensuite plus; Lucain frappe d'abord plus, pour frapper ensuite moins. »

— Le paragraphe est très-beau, dit la jeune femme; que faites-vous donc maintenant?

— Un *essai sur le goût*... Vraiment, ma sœur, vous voulez que je sorte!... soit!... et l'Héricourt, où est-il?

— Vous ne le verrez point de la journée.

— Et vous?

— Je reçois toute la ville ce soir.

— Ainsi je me promènerai seul?

— Un homme d'esprit n'est jamais moins seul que quand il cause avec lui-même... Vous cherchez votre canne n'est-ce pas? Et votre boîte... mais vous tenez la boîte entre vos mains, oublieux!.. quelles manchettes! fripées, froissées, et une tache d'encre! cher grand homme, enfant naïf, il faut changer tout cela...

— Tout cela ! oh ! pour sûr non, ma sœur aimée... J'aurai la condescendance de mettre ce soir un habit de cour, puisque vous recevez toute la ville, mais ce matin je sortirai en chenille... et croyez-vous, d'ailleurs, que je vais me diriger vers les promenades fréquentées ? point : je descends sur le port, je monte dans un bateau, et je me trouve en pleine mer une demi-heure après. Il faut jouir des belles choses, vous avez raison !... Mon chapeau ? où ai-je mis mon chapeau ?

— Vous le tenez...

— J'ai ma bourse... bien... au revoir ! je vous trouve charmante, et vous, restez toujours bonne.

Il serra les deux mains de la jeune femme avec une tendresse sincère, et sortit.

C'était un homme dans la maturité de l'âge. Un front haut, des yeux doux, intelligents, une noblesse native dans la pose et une sérénité parfaite sur le visage le faisaient vite distinguer. L'air qu'il aspirait à pleins poumons parut le vivifier ; il embrassa d'un regard charmé le ciel clair et bleu, la mer qui lui servait de miroir, et les collines de granit qui formaient la ceinture de ce golfe azuré !

A mesure qu'il approchait du port il ralentissait le pas.

Debout, à portée de leurs bateaux respectifs se tenaient les marins attendant les promeneurs.

Robert était à son poste ; en apercevant l'homme qui s'avançait lentement de son côté, il fit un pas au devant de lui.

— Monsieur, dit-il, j'ai un excellent bateau, si vous voulez faire une promenade...

Mais en ce moment l'écrivain, préoccupé d'une idée et n'entendant point les paroles de Robert, cherchait dans sa poche un crayon qu'il ne trouvait plus et une feuille de papier égarée.

Robert prit son portefeuille et le tendit à l'inconnu.

Celui-ci regarda forcément le jeune homme, accepta le portefeuille, écrivit quinze lignes sur une page qu'il déchira, et demanda...

— Tout à l'heure j'étais préoccupé : m'avez-vous parlé, mon ami ?

— Je vous ai offert mon bateau.

— J'en cherche un.

Robert conduisit le promeneur jusqu'à l'*Espérance*,

l'aida à descendre, l'installa dans la barque et prit les rames.

— En plein large, dit l'inconnu.

Robert commença à ramer.

L'écrivain le considérait avec intérêt. Sa physionomie expressive, son air de franchise, le son de sa voix, tout prévenait en sa faveur. Les hommes accoutumés à étudier, à comparer, à réfléchir ne dédaignent jamais l'occasion qui s'offre à eux. Chaque cœur est un poëme; si quelques-uns ont des pages noires, il en est où tout est demeuré pur. La tristesse grave empreinte sur le visage de Robert excitait l'intérêt. Si jeune il paraissait déjà si malheureux ! Le mot souffrance renfermant toujours celui de mystère, nous nous trouvons portés naturellement à nous inquiéter de la cause lorsque nous découvrons l'effet. La tristesse paraît en outre doublement intéressante quand celui qu'elle accable est jeune. La tristesse des vieillards qui ont beaucoup vécu, et vu beaucoup mourir, nous frappe moins que celle des jeunes gens. L'honnêteté empreinte sur la figure de Robert la rendait encore plus intéressante.

— Mon ami, dit le promeneur, comparativement à vous je suis un vieillard... mes questions ne peuvent vous blesser, car la curiosité ne les dicte point, vous souffrez, vous êtes sous le coup d'une peine profonde, ne voulez-vous point me la confier?

— Ce serait au moins inutile, Monsieur, puisque vous ne pourriez la guérir ; d'ailleurs, si vous devinez que j'éprouve un chagrin violent, vous voyez sans doute aussi que je le supporte avec courage.

— C'est pour cela que vous attirez ma sympathie.

Robert ne répondit rien.

— Vous n'êtes point batelier de profession, poursuivit le promeneur, car vos mains sont blanches et n'ont pas l'habitude d'un rude labeur.

— Ne sais-je pas ramer, Monsieur? demanda vivement le jeune homme.

— Vous vous en acquittez fort bien au contraire, ce qui n'empêche pas la vérité de mon observation.

— En effet, dit Robert avec une certaine brusque-.e, je ne suis pas marin.

— Pourquoi avez-vous ce canot?

— Pourquoi? pour y promener ceux que le beau

temps invite à quitter la ville, pour y gagner de l'argent.

Robert prononça cette phrase avec un accent âpre.

— Gagner de l'argent !... il faut en effet que vous teniez bien à en amasser, pour faire semblable métier le dimanche... Et durant la semaine, à quoi travaillez-vous ?

— J'apprends l'état de bijoutier.

— Singulier garçon !... le bijoutier se change en rameur, et l'on dirait que le bijoutier à son tour cache un autre homme.

— Vous êtes perspicace, Monsieur.

— Et vous défiant, mon ami... Vous avez tort : que craignez-vous en me témoignant un peu de confiance ? Je ne sais pas votre nom... vous ignorez le mien... personne ne nous écoute... vous pouvez jeter les rames au fond de la barque et abandonner à la vague le soin de la conduire... Le cœur a besoin d'expansion, et il me semble qu'à certaines heures on voudrait crier : Je souffre ! même à cet inconnu que je suis, et qui provoque une confidence dans l'espoir de vous consoler...

— Encore une fois, Monsieur, vous ne pouvez rien pour moi !

— Je puis vous plaindre, raffermir votre cœur, vous donner une partie de mon âme en échange de votre confiance ; ne niez pas, mon ami, qu'à cette heure vous trouvez lourd le fardeau qui vous accable... J'en prendrai la moitié, voilà tout... Je ne me trompe point en croyant que vous avez étudié !

— En effet, Monsieur, je devais être avocat.

— Une ruine subite vous a forcé d'apprendre un état manuel ?

— Une ruine complète, pécuniaire et morale.

— Je comprends alors votre mot de tout à l'heure : — Je rame pour gagner de l'argent... Jeune, instruit, naturellement ambitieux, vous voulez, si vous êtes obligé de rester dans le commerce, arriver au moins aussi haut que possible. Un ouvrier ne peut ni prospérer ni s'enrichir. L'achat d'une maîtrise est indispensable, et vous réalisez de patientes économies.

— Non, Monsieur, répondit le jeune homme, je ne songe point à devenir maître afin de gagner plus l'argent. Il m'importe peu d'être le dernier aux yeux des hommes pourvu qu'au fond de mon cœur je puisse me dire : Mon devoir est rempli. J'aimais l'étude et peut-être serais-je devenu quelque chose... pourtant, je ne regrette ni les loisirs d'autrefois, ni notre fortune modeste... Voué à une tâche, marchant vers un but, je ne me permets point de regarder en arrière. Le devoir est là, je remplis mon devoir.

— Mes questions vous ont-elles blessé?

— Elles ne me blessent pas, Monsieur ; seulement vous me demandez de vous parler de moi, et je n'aurais que de tristes choses à vous dire. Un matelot doit savoir des chansons joyeuses pour distraire ses passagers d'une heure, et je ne parviens qu'à vous attrister.

— La gaieté ne ressemble guère au bonheur, mon ami... vous êtes doué d'un caractère énergique, et j'aime les hommes de votre trempe... Je vous le répète, j'aurais aimé à connaître votre vie... Je ne manque ni de sensibilité ni de cœur.

— J'en suis convaincu ; homme de science et d'observation, vous aimez seulement à étudier les plaies secrètes, les maladies morales; et, pareil au chirurgien qui arrache sans pitié le bandage d'une blessure pour juger de la gravité du mal et opérer un nouveau pansement, vous me demandez pourquoi je suis triste à vingt ans, pourquoi je suis avare à cet âge, et pourquoi, au lieu de me promener gaiement avec mes amis, je me courbe sur les rames afin de gagner un écu...

— Oui, pourquoi? pourquoi?

— Eh bien ! vous le saurez, Monsieur... et, qui que vous soyez, vous vous direz plus tard en vous souvenant de cette promenade : J'ai vu dans ma vie un homme bien malheureux...

— Vous aimez une jeune fille ?

— J'aime, oui, Monsieur, dans le sens pur et grave de ce mot, une angélique enfant qui peut-être jamais ne sera ma femme... mais ne croyez pas que cette pensée ravage ainsi mon cœur et rende si sombre mon front. Je l'aime bien? oh! oui, je l'aime ! et pourtant cet amour, éclos pendant notre enfance, se perd dans le sentiment d'une douleur plus noble, plus grande et plus sainte. Je l'aime ! et je ne me trouve pas le droit de devenir son mari, tant que ma tâche ne sera pas achevée.

— Continuez, continuez...

— Je me nomme Justin Robert. Mon père, laborieux, instruit, honnête homme, épousa ma mère à vingt-deux ans. Je suis leur unique enfant ; ai-je besoin de vous dire qu'ils ont eu pour moi toutes les tendresses ? Le commerce auquel il se livrait prospérait ; second à bord d'un navire, puis capitaine, mon père parvint à force d'économie à devenir propriétaire d'un bâtiment marchand. La somme qu'il redevait au constructeur diminuait à chaque voyage. Comme j'avais témoigné le désir d'apprendre le droit, mon père m'en fournit les moyens. Jamais famille ne fut plus unie que la nôtre. La fille du meilleur ami de mon père devenue orpheline vivait au milieu de nous. Notre amitié se transformait en inclination. Nous n'avions qu'à étendre la main pour trouver le bonheur préparé pour nous... et vraiment ce bonheur était complet. Une mère affectueuse, bonne, dévouée, un père ardent au travail, généreux, excellent, une fiancée que chacun m'enviait, j'avais tout cela! L'homme n'a pas droit à la félicité, Monsieur! à son tour chacun paye son tribu d'infortune et de larmes... Mais au moins, pour la plupart, le malheur qui survient est pour ainsi dire une suite logique de l'existence... une maladie, une mort, la perte d'une espérance... Mais nous! un soir, assis près de la table de travail qui nous réunissait, nous nous entretenions du prochain retour de mon père... nous l'attendions, nous comptions les jours... On frappe à la porte... Un matelot nous remet une lettre... Ah! la foudre tombant au milieu de nous ne nous eût pas épouvantés plus que ne le fit la nouvelle contenue dans des pages mouillées de larmes... Mon père, ce père vénéré, adoré, attendu, avait été capturé par un forban de Tunis qui venait de le vendre à Tétouan. Esclave!... comprenez-vous ce mot, Monsieur? mon père était esclave... on pouvait le faire plier sous les fardeaux comme une bête de somme, on pouvait l'injurier à toute heure, le condamner au fouet et le priver de nourriture. Il n'était plus un homme mais la chose d'un maître impitoyable. Ah! si la haine était permise, avec quelle force j'aurais haï et maudit le misérable pirate qui ravit du même coup à mon père la fortune et la liberté ! Sa fortune, nous pouvions y renoncer sans regret. Nous avions, Dieu merci, l'âme assez fortement trempée pour ne faire consister ni la dignité ni le bonheur dans la possession d'une somme d'argent plus ou moins forte ; mais la liberté ! cette liberté, il fallait la lui rendre... A tout prix, il fallait de notre temps, de nos sueurs, de nos larmes, faire de l'or pour lui ! Si la transmission du sang en or avait été possible, nous nous serions ouvert les veines !... Le premier moment de stupeur passé, nous en vînmes aux actions. Le mobilier vendu les bijoux jetés au creuset fournirent le commencement de la somme nécessaire... Il fallait deux mille écus... une somme énorme ! et je ne connaissais que les éléments du droit, et Fleur ma sœur adoptive ne savait faire que des ouvrages de femme. Nous nous retirâmes dans un logement modeste, presque pauvre. Le hasard me fit rencontrer un dimanche un orfèvre chez qui j'entrai à la mort de mon premier patron. Je travaille, je fais des progrès ; ma mère qui excelle à faire la tapisserie brode pour de grandes dames des écrans et des fauteuils ; Fleur réalise des merveilles en copiant les dentelles italiennes. Tous ces salaires grossissent notre pauvre trésor... Le croiriez-vous, Monsieur, il vint un jour où je regrettai l'inactivité du dimanche et la fermeture de la boutique de Nicéphore... Un vieux prêtre que je consultai me rassura. — Mon enfant, me dit-il, votre situation est tout exceptionnelle... Je sais que vous assistez régulièrement aux offices, donc si pendant le jour ou dans la soirée, il vous est possible de gagner un écu en ramant, gagnez-le sans remords... Les fils respectueux sont bénis de Dieu !

— Et, demanda le promeneur, avez-vous déjà beaucoup amassé ?

— A peine la moitié de la somme nécessaire, monsieur ! Malgré notre labeur incessant, les veilles des deux femmes dévouées, malgré notre zèle et notre volonté nous n'arrivons pas ! et dire que l'or ruisselle si aisément dans certaines mains ! que mon père souffre, gémit, nous envoie des lettres déchirantes, fait appel à notre tendresse, à notre amour, à notre génie filial, et que nous ne trouvons pas ! non, monsieur! et peut-être succombera-t-il là-bas sous le bâton d'un maître, dans les douleurs de l'exil, dans la solitude faite autour de lui, avant que les deux mille écus soient amassés et puissent lui rendre la vie!

— Ah! Dieu ne le permettra pas, Robert, répondit le promeneur en se détournant.

Il parut regarder le sillage de la barque, mais il porta rapidement une main à ses yeux.

— C'est ce que je répète à Fleur, à ma mère, quand le découragement les saisit. Je ne puis croire que les miracles appartiennent exclusivement aux siècles passés. Il doit s'en faire encore. Il s'en opérera un! Un fils qui redemande à Dieu son père et qui, pour le racheter, oublie tout, jusqu'à celle à qui il doit s'unir, mérite peut-être l'aide d'en haut.

— Vous la recevrez, n'en doutez pas!

— Ah! monsieur, cette parole d'espérance me fait du bien.

— Regrettez-vous maintenant de m'avoir confié vos peines?

— Non, vous y compatissez!

— Maintenant, mon ami, ramenez-moi vers la ville...

L'étranger tomba dans une rêverie profonde.

Il n'échangea que de rares paroles avec son batelier.

La nuit descendait claire et limpide, les étoiles scintillaient dans l'eau transparente, et la brise légère poussait la voile latine que Robert avait tendue.

Une heure après on abordait.

Le promeneur sauta à terre, chercha rapidement dans une de ses poches et en tira un objet assez lourd qu'il prit soin de dissimuler; il trouva dans une autre poche un mouchoir de batiste, sous lequel il cacha la bourse; et, lorsque Robert eut rangé son bateau et se trouva près de son passager, celui-ci jeta dans ses mains le filet de soie rempli de pièces d'or, et s'éloigna rapidement.

— Dieu bénit les bons fils, dit-il.

Robert troublé, ému, ne trouva la force de répondre qu'après que l'étranger l'eut quitté. Il court alors, prend la direction qu'il a suivie, le cherche du regard, ne l'aperçoit plus, et, convaincu qu'à cette heure ses cherches seront inutiles, il se dirige vers la maison où Marianne l'attendait.

La rapidité de sa marche, la singulière émotion qu'on remarquait sur son visage, la bourse qu'il jette sur la table, font pousser un double cri à Marianne et à Fleur.

— Qu'as-tu? demande la mère...

— Je ne sais pas... quel homme! oh! quel homme!... n'est-ce pas que c'est un miracle! de l'or, c'est bien de l'or! Si vous saviez... et ne l'avoir pas rejoint...

— Mais nous ne comprenons pas! dit Fleur.

— Cela ne fait rien, comptez l'argent!

Marianne vida la bourse.

Robert regardait sa mère et sa sœur alignant les louis.

— Quatre cents livres!

— Tout autant! ajouta Fleur.

— Mais nous diras-tu?...

— Tout ce que vous voudrez, quand je pourrai..

— Mais oui, Marianne, ajouta Fleur, ne voyez-vous pas combien il est ému?...

— Oh! il y a de quoi! une telle grandeur! une générosité si noble!... je me tenais auprès de l'*Espérance*... cher bateau! il n'a jamais fourni une aussi bonne course... Un homme d'un extérieur simple et distingué venait vers moi... Il ne me voyait point et paraissait vivement préoccupé... Je m'avançai pour lui offrir mes services, tandis qu'il cherchait sur lui une feuille de papier et un crayon... Je lui tends ce qu'il faut pour écrire... Il le prend de ma main sans me regarder davantage, et comme si j'eusse été un secrétaire habitué... Cependant, ayant fini d'écrire, il me regarde... Ma physionomie lui plaît, il monte sur l'*Espérance*... Il m'adresse des questions sur ma situation, ma vie; il devine que j'éprouve une peine violente... J'hésite à lui confier la cause de mes peines... mais il semblait si bon! et paraissait tant avoir besoin de me consoler... La sympathie l'emporte sur la réserve... Je lui raconte mon enfance heureuse, ma jeunesse... je parle de toi, ma mère, de vous, chère Fleur, de mon père bien-aimé... Alors, je ne sais pas ce que j'ai dit... les pleurs allaient m'étrangler la voix, et lui... ah! lui, je crois qu'il

versait des larmes... Nous avons gardé le silence
après... Nos douleurs me revenaient à l'esprit, les
miennes le préoccupaient... Les quelques mots qu'il
m'a dit m'encourageaient à l'espoir : Attendez un
miracle ! répétait-il... et, sur le port, en me quittant,
le miracle s'accomplissait, car le promeneur me remettait cette bourse et s'enfuyait en me criant : —
Dieu protége les bons fils !

— Oui, Dieu les protége et les bénisse, mon Justin,
mon enfant ! ce qui arrive ce soir est ta récompense,
et tu l'as bien gagnée... Va, je suis fière de toi ! et
quand je vois tes doigts noircis par le travail, ce saint
travail qui paye sou à sou la rançon de ton père, je
voudrais les embrasser pour te remercier mieux...
Quatre cents livres ! une fortune ! le produit d'une
année de labeur ! ah ! l'œuvre du rachat de Robert est
doublement sainte, et ce don mystérieux que tu viens
de recevoir est comme une promesse du bon Dieu.

— Cher Robert, ajouta Fleur, espérez, attendez,
croyez...

— A tout, Fleur ?

— Croyez en Dieu, en moi ; croyez à la puissance

de ce levier qui s'appelle la vertu, et poursuivez sans faiblesse, car le but se rapproche et nous l'atteindrons.

— Écrivons ce soir même à Robert, dit Marianne.

— Chacun de nous ajoutera quelques lignes; nous allons lui montrer sa liberté proche, bien proche...

— Ne l'abusons pas!

— Comptons sur Dieu!

La lettre fut écrite et dès le lendemain Justin Robert la confiait au capitaine d'un bâtiment marchand.

Ce ne fut pas la seule qu'il reçut pour la destination de Cadix, port auquel devait toucher le navire.

En quittant d'une façon si brusque le jeune batelier, le promeneur qui venait de traverser deux ruelles sombres afin d'échapper à la reconnaissance de Robert, reprit ensuite le chemin de l'hôtel d'où il était sorti le matin, et qui n'était autre que celui de M. d'Héricourt, intendant des galères de Sa Majesté.

Comme l'avait dit le matin madame d'Héricourt, elle donnait un grand dîner. Vingt fois déjà elle avait demandé si son frère était de retour. Aussitôt qu'elle apprit qu'il venait de rentrer, elle monta à son appartement.

Il venait de se remettre à son bureau et écrivait.

— Charles, dit-elle, je t'en prie, laisse ton *Essai sur le goût* pour ce soir.

— Je n'y travaille pas, ma sœur.

— Que fais-tu donc?

— J'écris.

— Tu écriras demain.

— Ceci ne souffre aucun retard.

— C'est donc?...

— Une affaire.

— Elle sera longue?

— La voilà finie... l'adresse à mettre... la cire... voilà!

Madame d'Héricourt lut la suscription.

— Et c'est, dit-elle, pour un avis à donner à M. Main, banquier de Cadix, que vous me faites attendre, et que le dîner brûlera... ah! cette fois, c'est très-mal.

— Non, c'est bien! répondit l'écrivain en pressant les mains de sa sœur... crois-moi, je peux maintenant dire avec Titus: — Je n'ai pas perdu ma journée.

— Alors tu viens de faire une bonne œuvre!

— Flatteuse !

— Cher Charles, je te connais mieux q(
crois... et maintenant...

— Prends mon bras et descendons.

— Descendre, mais...

— Puisque le dîner brûle...

— Sans doute, cependant...

— Et que les convives attendent.

— Alors ils attendront un peu encore, car tu ne viendras pas au dîner dans ce costume sombre et triste... songe donc.

— Tu as raison ! dit le promeneur avec un sourire, je vais demander mon valet de chambre...

Madame d'Héricourt sortit.

Un quart d'heure après son frère descendait, portant avec l'aisance d'un grand seigneur un magnifique costume.

A son entrée dans la salle, chacun se leva avec les marques du plus profond respect. On sentait que cet homme exerçait sur tous un ascendant réel. Il le devait moins à sa naissance qu'à son génie. On ne le vénérait pas seulement, on l'admirait. Madame d'Héricourt savourait le succès de son frère, elle lui souriait d'un air d'intelligence, et après le dîner elle lui dit :

— La lettre est remise.

— A qui ?

— A un capitaine qui part demain pour Cadix.

— Avoue-moi que tu es un peu de la famille des anges !

— Demande à M. d'Héricourt, répondit en riant la jeune femme.

Sans doute l'Intendant des galères aurait donné des renseignements excellents, mais il aurait fallu surtout s'adresser aux pauvres, car le frère et la sœur étaient dignes l'un de l'autre.

I

Le gâteau bénit.

Une grande animation régnait à Marseille dans l'intérieur de la plupart des familles. Il s'agissait d'une fête à laquelle toutes les jeunes filles prenaient part, fête renfermant à la fois un encouragement et une leçon. On ne couronnait pas de rosière dans la vieille Phocée, mais pour remplacer cet usage, on avait établi non pas un concours, mais un marché aux enchères. Il s'agissait de la vente publique de gâteaux pétris par les jeunes filles elles-mêmes. Plus le prix de ce gâteau adjugé au dernier et plus offrant enchérisseur montait, plus la jeune fille avait le droit d'être fière : car ce n'était point la beauté qui méritait et obtenait les suffrages de ce genre. Les préférences s'accordaient aux qualités intimes, aux vertus domestiques. Celle qui avait pétri le gâteau semblait, par cela même que son œuvre montait davantage, mériter la tendresse du plus digne et du plus riche. On reconnaissait publiquement qu'elle ferait honneur à la famille qui l'adopterait. On lui trouvait les qualités sérieuses qui font l'épouse fidèle, la mère dévouée, la femme forte dans le sens complet et absolu de ce mot. Il va sans dire que dans le nombre des concourantes se trouvaient des filles frivoles ; les jalousies, les mécontentements n'étaient point rares ; un mois à l'avance, les médisances allaient leur train, et l'élue de la fête, celle dont le gâteau atteignait un prix fabuleux, passait au crible d'une critique amère de la part de celles qui avaient été moins bien jugées par l'opinion.

Oui, vraiment, Marseille possédait de vieux, de charmants usages. Elle prenait à tâche de ressusciter les meilleurs souvenirs. Elle encourageait dans l'intérieur des ménages la concorde, la paix et l'union ; elle élevait haut les vertus privées. Elle apprenait aux filles que la vraie dignité de la femme consiste dans l'accomplissement des devoirs austères. Les souvenirs qu'elle consacrait étaient des souvenirs de vertu, de pudeur, de modération. Après avoir loué publiquement la jeune fille le jour de la vente des gâteaux bénits, elle lui mettait dans les mains le jour de son mariage ce mémorial domestique appelé si sagement le *Livre de raison*, en l'obligeant à tracer sur chaque feuillet l'un des événements survenus sous le toit domestique ; elle lui imposait implicitement l'obligation de n'avoir à enregistrer que des faits honorables, des actes pieux. Pour arriver à ce but, que de choses ne devait-elle pas réaliser ! La pensée qui présidait à cette coutume était profondément humaine et philosophique. Du moment qu'une femme passe le seuil d'une maison, cette maison devient son royaume ; qu'elle commande ou qu'elle obéisse, elle n'en reste pas moins l'âme. Si tout ne se fait point par elle, du moins elle inspire et dirige tout. Elle peut se cacher, dissimuler son autorité, elle ne supprime jamais son influence. Elle *est amère comme la mort*, selon la parole de l'Ecclésiaste, ou salutaire et bienfaisante. Aussi ne répond-elle pas seulement de sa conduite, mais aussi de celle du mari que Dieu lui a confié.

Elle ne le domine pas d'une façon absolue, mais il a toujours recours à elle. Son empire ne peut se nier. Elle irrite ou console, soutient ou décourage. Bonheur ou tristesse, tout vient d'elle. Dieu l'a mise près de l'homme pour le calmer, l'aimer, adoucir ce qu'il y a d'âpre dans sa vie, de cruel dans ses épreuves, de mauvais dans l'irritation de son humeur. A son sourire le regard se calme; en l'arrêtant les grondements de la colère s'apaisent. Elle a des mots charmants, des intonations de voix qui prennent le cœur. Elle commande avec habileté et sagesse. Sans blesser une idée arrêtée, elle la bat lentement en brèche, tout son art consiste à cacher qu'elle est en opposition avec vous. Vous vous sentiez mécontent de tout et de vous-même, et après l'avoir entendue, vous reconnaissez que vous avez eu tort d'agir comme vous l'avez fait, et que la douce, modeste et charmante femme en ne

15.

consultant que la raison de son cœur a trouvé tout de suite le chemin demandé, le remède au mal, le moyen du salut.

Mais ce n'est point auprès de son mari seulement que son influence est nécessaire et salutaire. Une autre tâche lui est imposée. L'enfant apparaît. Ce nouvel hôte du foyer change les habitudes, accapare les tendresses, prend toutes les heures, attire tout à lui. Égoïste sans le savoir, fort de sa faiblesse, criant s'il souffre et ne sachant rien demander, faible, petit, ne pouvant ni se tenir debout ni marcher, avec ses incapacités, ses larmes, cet ange sans ailes bouleverse la maison, dérange les habitudes et tyrannise la famille.

Pendant plusieurs années, l'enfant appartiendra à la mère. Il faut qu'elle soit sa gardienne, sa gouvernante, sa nourrice. Elle accumule les emplois; elle se grandit en le servant. Rien n'est petit et indigne dans les soins de la maternité. Elle guide ses premiers pas, elle lui apprend ses premiers mots; elle cueille sur sa bouche les premières prières et les premiers baisers. Elle forme son âme lentement, l'échauffe au contact de la science, lui communique ses qualités, le reprend de ses défauts, l'encourage s'il fait bien, le châtie s'il fait mal. Elle l'aime et elle doit l'aimer assez pour le punir ! Aussi l'avenir dépend-il presque toujours de la mère. Toutes les femmes ne sont pas aptes à élever non pas seulement des grands hommes, mais des hommes honnêtes, probes et sérieux. Une mère coquette, frivole, ne saura jamais former le cœur, élever le jugement et diriger les instincts de son fils. Aussi choisir la jeune fille qui sera votre compagne pour toute la vie et la mère des enfants que Dieu vous enverra, quelle tâche difficile ! Ne point céder à l'attention de la beauté qui vous attire, quand cette beauté n'est point accompagnée de qualités graves; sonder le cœur auquel vous allez unir le vôtre afin de voir s'il est assez profond pour garder les saintes tendresses du mariage; épreuve dangereuse, et qu'il faut subir avec mille craintes.

Aussi l'usage d'élire pour ainsi dire les jeunes filles reconnues les plus dignes de fonder une maison, et prendre pour cela occasion de connaître l'un de ces travaux réputés obscurs, mais qui ne sont pas sans importance quand il s'agit d'un ménage des classes moyennes, était, trouvons-nous, un charmant et utile usage. Les suffrages publics encourageaient puissamment. L'émulation n'est point défendue. Si modeste que soit une jeune fille, elle peut être heureuse de 'estime qu'on lui témoigne.

On ne recevait point indifféremment les gâteaux pétris par toutes les mains. Ou si une fille d'une conduite équivoque avait l'audace d'envoyer le sien, les paroles du mépris, les huées qui saluaient son nom, la châtiaient doublement de sa légèreté, de son orgueil.

Dans ce soir-là, toutes les petites mains des filles de Marseille, âgées de plus de quinze ans, pétrissaient à l'envi les gâteaux; quelques-uns empruntaient une forme élégante et se couronnaient d'ornements.

Le caractère des jeunes filles trahissait même dans la forme de leur pâtisserie.

Fleur, cédant au vouloir de Marianne, enfonçait bravement ses mains dans la pâte, riait en secouant la tête, quand la blanche farine poudrait ses cheveux noirs, et répétait à sa mère adoptive :

Vous savez cependant bien que je ne suis point mariable, moi !

— Vous ! s'écria Robert qui entrait.

— Ou à marier, ce qui est la même chose...

— Mon enfant, répondit Marianne, pour avoir pétri son gâteau et l'avoir laissé vendre aux enchères, une jeune fille n'est point forcée de se choisir un mari...

— Je le sais, répondit Fleur, mais vous qui m'aimez, vous m'exposez à une humiliation.

— Toi !

— Sans nul doute. Les gâteaux ne sont achetés à des prix élevés que par les jeunes gens aspirant à la main de la jeune fille à qui il appartient. Ou mon pauvre gâteau ne trouvera pas d'acquéreur, ou si on le paie cher, j'apprends alors ce que je ne veux pas savoir.

— Comment, Fleur, demanda Robert, vous ne souhaitez pas savoir si l'on vous aime.

— Pourquoi le désirerais-je ! je ne suis point coquette ; l'homme que j'épouserai, si jamais je me marie, aura assez de sagesse pour ne pas attacher de prix au suffrage des autres ; ne pouvant donner d'espoir à personne, je ne veux à personne non plus inspirer de sacrifice.

— Mon enfant, dit Marianne d'une voix grave, si j'étais riche, et si mon Robert possédait une fortune, nul gâteau ne serait payé aussi cher que celui-ci... cependant je t'aime trop pour ne point souhaiter que l'on te rende justice.

Fleur baissa la tête et continua son travail en silence.

La pâte était suffisamment battue, il s'agissait de donner une forme au gâteau.

— Voyons, dit Robert, la chose est grave.
— Votre bateau ne s'appelle-t-il point l'*Espérance?*
— Sans doute.
— Eh bien! voici une ancre : voyez les pointes aiguës, l'anneau, et maintenant attendons tout de celui qui peut tout.

Marianne porta le gâteau au four.

Le cœur de Robert débordait de tendresse. Les mots se pressaient sur ses lèvres. La fête du lendemain l'effrayait. Il souhaitait et redoutait pour Fleur un triomphe. Mille pensées se heurtaient dans sa tête.

La jeune fille, accoudée sur la table, le regardait; sans doute elle devinait ce qui se passait en lui, car au moment où le jeune homme releva la tête, elle lui tendit la main.

— Votre père reviendra! dit-elle.

Ce mot contenait toutes les promesses.

Aussi, Robert dormit-il paisiblement et se leva-t-il le lendemain l'esprit dispos, le cœur léger. La fête devait commencer par la bénédiction des gâteaux à la Mayor. Robert se promit de demander une heure de congé à maître Nicéphore, heure qu'il remplacerait dans la soirée. Fleur commençait ses préparatifs de toilette quand l'apprenti bijoutier entra dans le magasin de Bertrand.

Tout était sens dessus dessous dans la maison.

— Ils sont ici! cria Nicéphore, ma fille, mon gendre! monte dans le salon du premier. On ferme les *Bijoux de Vénus* pour toute la journée, et tu seras de la fête; mademoiselle Fleur n'en sera point fâchée, et nous y irons tous ensemble.

Floustignac et Zéline étaient en effet arrivés de la veille. Tous deux avaient beaucoup changé, mais à leur avantage. Le Gascon qui citait si complaisamment les tourelles de ses pères, quand il ne possédait plus qu'un pignon abandonné aux orfraies, gardait un silence convenable depuis que, d'après les plans de Zéline, on avait bâti une maison modeste avec les vieux matériaux. Les bijoux de la femme avaient été sacrifiés. En présence du faux orgueil de son mari, elle avait plié sa vanité. La leçon profitait. Floustignac subissait l'influence de Zéline. Il portait un habit modeste en drap ordinaire passementée d'un simple galon ; mais son feutre était propre, ses bottes solides et son épée convenable. Son visage respirait un calme qui lui seyait. L'air de la campagne, une nourriture plantureuse, et l'abondance bourgeoise qu'il ignorait, lui semblaient fort appréciables. Sa femme ne le querellait jamais. Innocent, mieux vêtu et mieux soigné, avait le loisir de rester paysan et n'en faisait pas plus mal son service. La fille de Mathée suffisait à Zéline. Dans leur petit appartement, les deux époux qui rêvaient jadis tant de bruit et de mouvement, vivant toujours en face l'un de l'autre se trouvèrent forcés de se faire de mutuelles concessions. L'occupation, du reste, ne leur manquait pas. Il fallait surveiller les ouvriers et donner à tout l'œil du maître. Floustignac continuait alors son rôle de grand seigneur ; seulement au lieu de tempêter comme jadis, il se modérait et jouait au gentilhomme fermier et bon enfant. Il accepta sa femme d'abord et s'y attacha ensuite. Le soir, il lui parlait de mademoiselle Angelberge de Miramande et du chevalier d'Assanval. Combien les conseils de sa vieille marraine lui semblaient sages ! S'il les avait suivis, peut-être serait-il quand même devenu le mari de Zéline, mais il n'aurait pas mené cette vie de grands chemins, qui plus d'une fois faillit lui devenir funeste. Il n'eût pas fait partie de compagnies d'aventuriers mal famés dans les pays qu'elles traversaient, et s'il avait pris du service dans l'armée, il ne serait sans doute pas arrivé aux premiers emplois, mais au moins il citerait ses états de service. Une fois, une seule, il évoqua le souvenir de sa royauté de Ratoneau.

— Nous irons voir Francœur et lui porter des secours, répondit Zéline.

Floustignac compris la leçon.

Nicéphore trrouvant son gendre métamorphosé, sa fille douce et sage, se frotta les mains de joie et embrassa sa femme.

— Eh bien! lui demanda Agathe, nieras-tu encore que l'on peut faire des mariages à la fois heureux et romanesques?

— Ma mère, répondit Zéline, j'ai eu tort de faire un mariage romanesque ; je jouais la considération de ma vie et votre bonheur. Floustignac a des défauts moi aussi ; nous nous corrigerons mutuellement, et rien n'est plus sage et moins *Astrée* que cela !

Nicéphore embrassa Zéline.

La famille du marchand offrit à Robert d'aller à la Mayor en même temps que Fleur et Marianne. Le jeune homme enchanté reprit donc avec son patron le chemin de sa demeure. Fleur était au bas de l'escalier portant son gâteau, Marianne descendait, quand les Bertrand les saluèrent cordialement. Marianne prit le bras de son fils, Nicéphore offrit le sien à Fleur. L'Eglise présentait un charmant aspect.

La Mayor construite sur l'emplacement d'un ancien

temple de Diane fut réédifiée dans le xii⁰ ou le xiii⁰ siècle. Elle était de style roman. Nous disons était, puisqu'à cette heure on la démolit ; la cathédrale qui doit la remplacer sera de style *romano-bysantin*. La Mayor se composait d'une nef et de deux collatéraux ou nefs secondaires voûtées en berceau. Elle n'avait point de transept. A l'époque où elle fut érigée l'architecture était mâle et sévère. La coupole percée de deux fenêtres, l'une au nord, l'autre au midi, repose sur quatre pendentifs décorés de tous les emblêmes évangéliques en usage à cette époque, et parmi lesquels figurent le bœuf, l'aigle, le lion et une tête d'ange. Les chapelles construites plus tard appartenaient au style ogival primaire ; elles donnaient de la grâce à ce monument rendu plus grave et plus vénérable encore par le nombre de tombeaux qu'il contenait. Les orgues chantaient sous une main puissante quand Fleur et ses amis pénétrèrent à la Mayor. La plupart des jeunes filles avaient mis une certaine recherche dans leur parure ; celle de Fleur consistait en une robe grise, un petit bonnet de dentelle et un fichu semblable.

Elle déposa son gâteau au milieu de la masse odorante de couronnes et de galettes qui s'élevait sur une table, entendit la messe avec recueillement, et, l'office fini, Marianne accepta pour elle et pour Robert l'invitation de Nicéphore et d'Agathe.

Le déjeuner fut gai, Floustignac parla modérément de ses terres, Zéline ne mit aucun orgueil dans la façon dont elle raconta son installation chez Mathée. Où règne la simplicité on se trouve toujours bien ; Fleur, Marianne et Robert ne se sentaient plus dépaysé chez les Bertrand.

L'heure avançait, il fallait se rendre sur le Cours.

La foule était déjà compacte.

Chaque jeune fille était tenue de prendre son gâteau et de le déposer elle-même sur la table des ventes.

Les jeunes gens montraient une vive animation dans les enchères ; riant des orgueils satisfaits, des modesties surprises, des vanités souffletées.

Un gâteau présenté par une fille extrêmement parée fut brisé sur la table en signe de mépris.

On saluait quelques noms d'acclamations sincères.

Quand le tour de Fleur fut venu, toute rougissante et troublée, elle posa le gâteau sur la table et se cacha dans le groupe formé par ses amis.

Un murmure favorable s'éleva.

Les enchères commencèrent.

Crié à un écu d'abord, selon la règle invariable, le gâteau pétri par des mains laborieuses, montait encore.

Un des jeunes gens aisés de Marseille enchérissait avec obstination ; chaque fois son prix se trouvait dépassé. Il ne pouvait apercevoir son rival, mais il entendait sa voix pleine et sonore. Le dépit, le chagrin se lisait sur le visage de Jules Aubry ; Robert le regardait avec tristesse ; Fleur que n'atteignait aucune petitesse souffrait de la rude épreuve à laquelle on mettait le cœur de Robert. Il ne pouvait le payer, lui, ce gâteau qu'on allait adjuger à un autre. Jules Aubry l'emporterait, et celui était une douleur affreuse de songer que ce jeune homme affichait ainsi son estime, son respect et son affection pour la jeune fille qu'il regardait comme sa fiancée.

Sans doute le concurrent d'Aubry se fatiguait de la lutte, et avait hâte d'en finir, car sautant brusquement à un chiffre énorme il cria :

— Mille écus !

Un mouvement se fit dans la foule.

Robert se dressa sur la pointe des pieds ; il voulait voir celui qui disputait à Aubry ce trophée, il connaissait cette voix ; il se demandait où il l'avait entendue.

— Mille deux cents écus! dit Aubry.

— Deux mille, ajouta la voix.

Les bravos redoublèrent.

— Deux mille écus, répéta le crieur! à deux mille écus le gâteau, je l'adjuge...

Il éleva l'ancre pétrie par Fleur, reçut de l'autre main une lourde bourse, et déposa le gâteau entre les doigts fins à demi cachés par une manchette.

Chacun voulait voir l'acquéreur, l'admirateur fanatique de l'enfant adoptée par Marianne; mais son habit montait haut, sa cravate de point était ramenée sur le bas de son visage dont un large chapeau couvrait le front et les yeux.

Robert voulut quitter sa place, courir, voir... ce fut impossible, la foule le prenait, le tenait, le gardait.

Cette enchère énorme fut l'événement de la journée. Personne ne douta que Fleur ne devînt dans la semaine la promise d'un homme riche. On s'en réjouit. Sa fortune rendrait la liberté à son père. Les masses sont toujours justes dans leurs jugements. On aimait, on respectait Fleur. Quand il fut possible de quitter la promenade encombrée, la famille Bertrand proposa de fêter le succès de la modeste fille.

— Nous improviserons un souper chez vous ! dit Nicéphore.

Le marchand fit généreusement les frais d'un repas exquis.

On approchait du dessert, quand deux coups furent frappés à la porte. Deux hommes avaient en même temps monté l'escalier.

L'un apportait la bourse de deux mille écus, l'autre tenait un paquet enveloppé avec soin.

La bourse fut remise à Fleur; le paquet était à l'adresse de Robert.

Il coupa les rubans qui le retenaient et poussa un cri : le gâteau de Fleur lui était rendu...

« Lui! murmura Robert, encore lui!

— Comment, s'écria Marianne, tu soupçonnes...

— Je suis sûr... l'homme qui a payé si cher le gâteau de Fleur ne peut être que le promeneur aux quatre cents livres.

Robert! dit Fleur, cette somme n'est pas une dot, mais une rançon.

— Oh! soyez bénie, chère enfant.

— Demain nous écrirons à votre père; demain nous chercherons un navire en partance... demain...

Un pas pressé se fit entendre dans l'escalier, et un coup rapide ébranla la porte; et avant même que Robert l'eût ouverte, un homme enveloppé d'un manteau pénétrait dans la salle.

D'un geste brusque il ôta son chapeau et trois cris simultanés se firent entendre :

— Mon père!

— Marianne!

— Robert!

Ce n'était point un rêve, Robert le captif de Tétouan revenait dans sa famille, Robert étreignait sa femme et son fils sur son cœur.

Les Bertrand s'éclipsèrent sans bruit.

Pendant longtemps on n'entendit dans la chambre que des soupirs étouffés, des sanglots, des exclamations interrompues. Les questions se multipliaient, et ces questions n'avaient que des baisers pour réponses. Robert ne se lassait pas de regarder sa femme, d'embrasser son fils. Il se dédommageait de la captivité, de l'absence ; il se retrouvait en pleine possession de son bonheur passé, et il croyait ne l'avoir jamais perdu.

Quand les premières émotions furent calmées, quand on put le soir se parler, quand les voix se raffermirent, Robert, Marianne, et Fleur groupés, pressés autour du chef de la famille l'interrogèrent anxieusement.

— Comment es-tu revenu ?

— Sur un bon navire : *le Madrépore*.

— Mais la rançon...

— Eh! la rançon! ne sais-je pas que vous l'avez soldée... J'y comptais, je l'attendais... vous m'aviez écrit : — Espère! et j'espérais...

— Ainsi, elle a été intégralement payée?

— Intégralement, entre les mains du maître le

plus sévère lont jamais un brave homme malheureux ait été gratifié... Oh! je vous ai reconnus à ce trait, mes biens-aimés... vous n'avez rien oublié, ni une bourse pleine pour moi, ni le porte-manteau garni, ni les armes...

— Je deviens fou ! s'écria Justin Robert... les événements qui se passent ce soir me semblent tenir du merveilleux à ce point que je demande si je dors ou si je veille... Il faut que la vérité se fasse à tout prix... dussiez-vous cesser de nous aimer... cette rançon nous ne l'avons pas payée...

Marianne alla prendre la cassette contenant les économies de la famille.

Elle la renversa sur la table.

— Voici, dit-elle, le produit des sueurs de tous, le fruit de notre travail et de notre tendresse pour toi... cette somme péniblement amassée, s'est vue, il y a peu de temps, grossie de quatre cents livres dont Justin te dira la provenance... Ce soir la rançon se trouvait complète, intacte, mais Fleur seule se dévouait... La vente des gâteaux vient d'avoir lieu, elle est montée à 2,000 écus.

— Fleur ! tu ne l'aimes donc pas ? demanda Robert en montrant son fils.

— Attendez avant de juger, répondit la jenne fille. Marianne reprit.

— Un bienfaiteur nous a été envoyé... mais je ne veux pas ôter à Robert la joie de te conter cette histoire... tous ces dons imprévus se succèdent, tous ces services s'enchaînent... la providence est là représentée par un homme dont nous ignorons le nom.

— Parle ! parle ! dit le vieux Robert à son fils.

Justin raconta l'épisode du promeneur, le don de sa bourse ; il ajouta que la voix de l'enchérisseur du gâteau lui avait rappelé celle de l'inconnu... Du reste, il ne parlait de ses chagrins à personne ; depuis le départ de son père, un seul homme avait provoqué et reçu ses confidences ; lui seul pouvait avoir formé le projet de sauver complétement cette famille éprouvée.

— Et tu ignores le nom de notre bienfaiteur ?

— Oui, mon père... lorsque je courus après lui pour le remercier, il était déjà loin... La façon délicate dont il vient de doter Fleur ne me laisse aucun doute... vous revenez libre... dans chaque détail je le retrouve, je le reconnais...

— Mes bien-aimés, dit l'ancien esclave, je vous ai attribué mon salut, et je ne me suis point trompé... Justin demeure l'instrumemt de ma délivrance. S'il n'eût point multiplié les moyens de gagner de l'argent afin de me libérer plus vite, si grâce à son métier de matelot, il n'eût intéressé à son sort un homme riche et compatissant, je ne jouirais pas à cette heure de la liberté. Souviens-toi de la parole de cet homme, Justin : — Dieu bénit les bons fils! Oui, toutes mes bénédictions te sont dues, car sans toi, sans vous, je serais encore esclave... ah! je ne me crois point sans doute libéré de ma reconnaissance pour cet inconnu... Nous le chercherons, nous le trouverons, quand nous devrions fouiller toute la ville de Marseille... Il entendra notre voix lui exprimer notre reconnaissance, il nous verra à genoux baiser ses mains libérales.

— Oh! nous trouverons, s'écria Justin, je le jure!

— Et maintenant, dit Marianne, voilà Fleur bien riche.

— Mais, dit la jeune fille, il me semble que ces deux mille écus joints à nos économies suffiraient pour acheter la maîtrise de Nicéphore... Si Justin ne regrette pas trop ses études de droit, j'avoue que je le verrais avec bonheur garder les outils de l'orfèvre ! Ils me rappelleront sa patience, son courage, son amour pour son père; et quelle fortune plus grande peut apporter un mari ?...

— Tu consens donc ! dit la mère.

— J'attendait la bénédiction de Robert, murmura Fleur en s'agenouillant devant le père de Justin.

La soirée passa trop vite. On oublia l'heure accoutumée du repas.

La nuit était bien avancée que toute la famille écoutait encore Robert racontant sa joie à l'heure où son maître lui était venu dire : — Tu es libre ! — Sans perdre un jour, une heure, il s'était embarqué, le cœur palpitant, l'âme inondée de joie. Pendant la traversée il dévorait les heures, calculant la route parcourue, comptant les lieues à faire, se demandant où seraient Fleur, Robert et Marianne au moment de son retour, repassant dans son esprit ce qu'il avait fallu de prodiges pour amener sa libération. Quand il toucha le port de Marseille, il se sentit faiblir, le bonheur l'étouffait. Il tremblait de succomber à son émotion... et il tenait tant à la vie, maintenant qu'il les trouvait tous plus dignes de sa tendresse, et qu'ils lui prouvaient mieux par des actes cet amour ardent dont il était convaincu.

Il s'interrompait pour presser Marianne sur son cœur, pour baiser Fleur au front, pour attirer son fils dans ses bras. On se sépara avant d'avoir tout dit. La lampe s'éteignait : le jour allait montrer ses lueurs pâles. Cependant tout le monde était debout de bonne heure; Marianne, alerte, mettait le couvert, Fleur chantait, bourdonnait, courait à Robert, rougissait en passant près de Justin, embrassait Marianne à chaque minute. Deux plats furent manqués par Marianne, et jamais déjeuner ne fut trouvé meilleur. Les deux époux se retirèrent dans le cabinet de Justin; ils avaient hâte de fixer le jour du mariage de leurs enfants.

Les jeunes gens devinaient ce que l'on discutait. Ils ne feignaient point de l'ignorer. Chacun d'eux ayant rempli son devoir, ils acceptaient la récompense promise et attendue.

Lorsque Robert rentra près d'eux, il dit à Fleur :

— Acceptes-tu Justin pour mari?

— Oui, mon père, répondit-elle.

— Souhaites-tu toujours qu'il reste bijoutier?

— S'il ne s'en afflige pas...

— Moi, Fleur, au contraire!

— Eh bien! mes enfants, je traiterai aujourd'hui de l'achat de la maîtrise avec Nicéphore, et le même jour nous signerons le contrat de vente et le contrat de mariage.

Bertrand fut ravi de céder son magasin au jeune homme.

On résolut de ne point faire de grandes dépenses d'installation ; mais au moment où les Robert s'inquiétaient d'un logement convenable, le vieil orfèvre leva subitement toutes les difficultés.

— Mes amis, dit-il, je vous cède tout... Ma fille et son mari retournent à Ravenols et nous les suivons... Une lettre de Mathée annonce que sa ferme est mise en vente, je l'achète, et nous vivons tous en paysans...

Chacun de nous a eu ses rêves ; je vais tâcher de réaliser les miens et ceux des autres... Mes économies sont gentilles, j'arrondirai des bois et des champs autour de la chapelle de mon gendre... Ne crois pas au moins que je veux jouer au gentilhomme, poursuivit Nicéphore à l'oreille de Justin... au contraire! mais pour rendre complétement sages ma femme et ma. fille, je ne vois d'autre moyen que de donner l'exemple...

Je partirai après ton mariage.

XI

La recherche de l'inconnu.

Le mariage de Fleur et de Justin, célébré en famille sans grande pompe, fut une fête tout intime. Les amis du vieux Robert y assistaient. Pendant le repas on ne cessa de s'entretenir de l'enchaînement de faits merveilleux qui se succédaient dans la famille depuis quelques années. Une place avait été laissée vide à côté de l'esclave de Tétouan ; elle rappelait le souvenir du bienfaiteur anonyme qui, absent, et man-

quant au nombre des convives, présidait cependant à
ce festin. Fleur et son fiancé devaient leur bonheur à
sa délicate sollicitude. Aussi quand les coupes se vidèrent, Justin se leva et tenant son verre :

— A l'INCONNU ! dit-il, au libérateur de mon père !
à celui qui a doté ma femme et échangé notre deuil
en joie.

Et vingt voix répétèrent :

— A l'INCONNU !

Le vieux Robert ajouta :

— J'aime les santés, dit-il, et j'en porte une. Vous
avez salué notre bienfaiteur, je le bénis de m'avoir
ramené dans ma famille... et maintenant je bois à
celle qui m'a rendu la vie douce, qui m'a fidèlement
attendu ! à celle qui a élevé un fils comme Justin et
me donne une belle-fille comme Fleur ! Nous sommes
de ceux qui se montrent fiers des saintetés abritées par
le foyer domestique, eh bien ! à ma femme !

Marianne choqua toute tremblante son verre contre
celui de son mari ; puis, ne pouvant résister à son émotion, elle retomba sur son siége.

Justin et Fleur quittèrent leurs places et en un

instant elle se vit entourée de Robert et de ses enfants.

Cette ovation faite par le mari à sa compagne dont les cheveux avaient blanchi dans les veilles laborieuses, empruntait un caractère de grandeur naïve, patriarcale, imposante. Marianne riait et pleurait. Elle tenait les mains de Robert, elle embrassait Fleur et Justin, elle recueillait le prix de sa vie de souffrances, de ses années de martyre.

Dieu qui est juste ménage des compensations à ceux qui ont lutté et souffert.

Il ne faut pas croire que le ciel seul paie les œuvres méritoires.

Sans doute on attend souvent longtemps le mot qui dédommage, le cri qui console, la parole qui acquitte; mais il est rare que cette joie ne soit pas accordée à qui la mérite.

Elle tombe, justice tardive, des lèvres d'un mourant qui s'accuse de ses fautes, et rend l'auréole au front dépouillé; elle est le plus souvent dans les témoignages de respect dont la fin environne la mère qui l'éleva dans la chasteté; qui le fit homme et lui cacha ses larmes ; qui lui apprit à vénérer même ceux qui le faisaient souffrir.

La vertu se suffit sans doute à elle-même ; mais Dieu connaît le cœur de l'homme et sait que l'aide lui est nécessaire.

Marianne se taisait ; l'humble et heureuse femme possédait plus à cette heure qu'elle n'avait jamais dû attendre.

Le bonheur de Fleur et de Justin fut paisible.

Dans le milieu tranquille où ils fixaient leur vie, ils échappaient aux dangers de l'orgueil, aux soucis de l'ambition.

Ils ne pouvaient susciter aucune jalousie ; et puis ils l'avaient si bravement, si loyalement conquis, si patiemment attendu! Robert renonça aux voyages ; il entra en société dans une maison de commerce ; son expérience, sa bonne foi en faisant un aide précieux. Marianne et son mari acceptèrent d'habiter la même maison que le jeune ménage. Ils s'aimaient assez pour ne point craindre de se voir trop souvent.

Marianne commença à jouir d'un repos dont elle avait besoin. Justin travaillait assidûment, se perfectionnait dans son art. La jeune femme rangeait les vitrines, nettoyait les bijoux; tous deux échangeaient de temps en temps une parole affectueuse. Le père rentrait à l'heure des repas. Fleur les surveillait elle-même. Ne dédaignant aucun soin du ménage, elle trouvait une grandeur relative à tout ce qui se rapportait aux êtres aimés. Sa modestie parfaite, sa bonne grâce donnaient un grand charme à sa façon de tenir sa maison, de présider sa table, de donner des ordres et de songer au bien-être de tous. Le vin préféré par le père, le plat que son mari aimait, des fleurs, des cristaux, des choses gaies pour reposer les yeux, elle groupait et préparait tout.

— Autant qu'il est possible à une créature de réaliser le bonheur pour ceux qu'elle aime, je le ferai, s'était dit Fleur; et elle y mettait tous ses soins.

Robert adorait sa femme; il jouissait de la présence de son père, de celle de sa mère, il était riche grâce à son travail quotidien, et cependant il manquait une chose à sa félicité.

On le voyait parfois soucieux, attristé.

Certains soirs, il sortait sans dire où il allait. A le

voir arpenter fiévreusement les rues, interroger le visage des passants, fouiller les groupes, on pouvait se demander si quelque chose ne se dérangeait point dans son cerveau.

Sur les promenades, dans les églises, au théâtre, il entrait, passait, s'asseyait, regardait.

Il s'arrachait à son chaud foyer en hiver, il renonçait à la causerie du soir entre sa femme et sa mère, pour recommencer son enquête sur les visages.

Il ne lui suffisait pas d'être heureux, il voulait apprendre par qui il était heureux.

De chaque fête, de chaque course il revenait abattu, désolé.

— Ne t'afflige pas! répétait Fleur, nous le reverrons.

— Sans lui ma félicité est incomplète; ne t'en blesse pas, ma chère femme; tu me comprends assez pour m'absoudre. Le voir une fois, une seule, je n'en demande pas davantage.

Vingt fois, une tournure rappelant celle de l'inconnu, un manteau, un chapeau rabattu sur de grands traits, entraînèrent Justin dans une folle et inutile recherche. Chaque déception l'attristait plus profondément.

Fleur commença à en souffrir.

Ses paroles ne pouvaient rien contre la douleur lente de son mari. A peine achevait-il son travail qu'il s'éloignait. Un soir marchant dans une ruelle sombre, il croit reconnaître le bienfaiteur anonyme. La clarté d'un reverbère tombe sur un visage qui le frappe, il s'avance... Dans sa précipitation, il heurte un pavé, tombe; pendant ce temps le promeneur frappe à une porte ; on ouvre et il disparaît.

Robert se relève, s'informe, questionne un domestique de la maison dans laquelle est entré l'inconnu, personne ne sait son nom ; il donne d'abondants secours à une pauvre veuve, c'est tout ce qu'on sait de lui. Robert demeure debout en sentinelle à la porte ; il attend, attend encore ; personne ne sort ; après deux heures de faction, il apprend que la maison à deux issues.

Jamais créancier n'a poursuivi un débiteur de la sorte : le souvenir constant du bienfaiteur rendait presque amer le bienfait.

— S'il me croyait ingrat ! pensait Robert.

Les bons fils ne peuvent être de faux amis.

Cependant il y eut une trêve à ces recherches et un temps d'arrêt à ces inquiétudes. Fleur doucement préoccupée depuis quelque temps, entassait dans une corbeille les béguins blancs, les brassières, les chemises fines, les petits bas. Elle attendait un ange vers la Noël dans sa maison. Tout occupé de la pensée de sa paternité future, Robert entourait de soins la jeune femme ; Marianne rajeunissait près du berceau, et quand une tête blonde s'encadra sous les rideaux soyeux, la famille de Robert n'eut rien à envier aux plus heureux de ce monde.

On éleva le petit enfant à la maison.

Tout en maniant ses outils, Robert regardait l'ange couché dans les bras de la jeune mère. Il se levait sans bruit, baisait ses yeux clos, retournait à sa place et continuait sa tâche avec un redoublement de zèle.

Le grand-père prenait le soir l'enfant sur ses genoux, lui contait des histoires que le nourrisson n'entendait pas, mais auxquelles il riait, tant la mimique de Robert était expressive. Fleur regardait avec une joie extatique l'enfant, le mari, le père, tous ces êtres chers à qui elle donnait une part de sa vie. Il ne faut pas croire que l'amour appauvrisse. Plus l'on aime, plus on sent de bonheur à aimer. L'amour est une faculté du cœur, et toutes les facultés ont besoin de développement. Se sacrifier un jour, c'est toujours se sacrifier, tant il y a de joies cachées dans l'immolation. Les épines, s'il en existe, s'émoussent, disparaissent. On ne les sent point, si les aimés n'en souffrent pas. L'enfant grandit; il sut marcher; il parla. Chacun de ses progrès fut une fête dans la famille. Rien ne semble petit quand il s'agit des objets de notre affection. Jean Robert tyrannisa bientôt toute la famille; avec un baiser, une caresse, il les dominait tous. Il le savait; chacun d'eux le sentait, personne ne se révoltait contre ce cher despote aux cheveux d'or, aux yeux bleus. Dès qu'il sut joindre ses mains on lui apprit les noms de Marianne, de Fleur, de Robert, celui du bienfaiteur n'était pas oublié; l'enfant le trouvait difficile à dire, et il faisait une mine charmante en prononçant le *Faiteur;* on comprenait, et Dieu entendait.

Les mois succédaient aux mois. Robert n'espérait plus voir jamais celui qu'il avait tant cherché. Quand il lisait la bible et qu'il tombait sur quelque récit montrant des anges voyageurs prêts à secourir et à consoler, il se demandait si l'inconnu n'était pas un esprit d'en haut envoyé miraculeusement sur sa route. Il semblait du reste faire partie de la laborieuse famille, ce promeneur mystérieux qui s'était assis dans la barque et y avait laissé un talisman. Ce souvenir était la légende de la famille. Vingt fois répétée, cette anecdote semblait toujours nouvelle, toujours attendrissante.

Le génie de la bonté personnifié par cet homme qui avait passé semblable aux califes des contes orientaux recevait un culte dans la maison de l'orfèvre. Le dimanche on faisait encore des promenades en mer ; mais à peine se trouvait-on à bord de l'*Espérance* que Justin Robert montrait la place où il s'était assis, répétait ses paroles, versait des larmes de reconnaissance brûlantes comme au premier jour, et finissait par ramer en silence. L'enfant lui-même s'y était accoutumé ; et plus d'une fois, posant sa main rose sur le banc, il gazouilla.

« Là, l'faiteur ! »

Fleur le couvrait de baisers.

Un dimanche, de gros nuages couvraient le ciel. L'orage était dans l'air ; Robert n'osait engager sa femme et sa fille à faire la promenade accoutumée. Mais ce jour-là encore le tyran bouclé opposa sa volonté! Il agitait ses petits bras en indiquant la fenêtre. Il voulait de l'air et une promenade à tout prix. Justin céda.

Toute la famille quitta le magasin soigneusement fermé. Si le bijoutier ne prenait plus une veste de matelot, il n'en ramait pas moins avec courage, et jamais il ne consentit à prendre un batelier.

Jean Robert tirait la royale de son grand-père ; Fleur se penchait au bras de son mari ; Marianne s'avançait pour voir un groupe de dames richement parées et prêtes à descendre dans un canot.

— Madame d'Héricourt et son mari, vois-tu, Fleur, dit Marianne, avec la belle comtesse d'Aiglade, et la fille du gouverneur de Provence.

Justin tourna les yeux du côté indiqué par sa femme ; et, poussant un grand cri, il la quitta subitement, se dirigeant avec une rapidité fiévreuse vers la famille d'Héricourt.

— Mon Dieu! dit Robert, est-ce que Justin devient fou?

— C'est lui ! c'est lui ! criait Justin en courant.

Ce mot : c'est lui ! éveille la curiosité de la famille; elle suit Justin de loin. Il aborde alors un homme à figure austère et grave, ou plutôt il tombe à genoux devant lui, et s'efforce de saisir une main qu'on essaie de retirer.

— C'est vous? c'est bien vous ! Monsieur! j'ai attendu deux ans !.. demandant au ciel de vous retrouver avec une ferveur égale à celle qui m'avait porté à implorer de Dieu la joie de revoir mon père...

Pourquoi tentez-vous d'échapper une fois encore à ma reconnaissance.

... Le jour, la nuit, à toute heure, en tout lieu, j'ai fouillé Marseille pour vous rejoindre... Ah! j'oublie maintenant les tristesses de l'attente trompée, mes désillusions, mon chagrin ! c'est vous ! vous notre ami inconnu, notre bienfaiteur anonyme...

— Mon ami, dit d'une voix grave l'homme que

Justin s'obstinait à reconnaître, et aux vêtements duquel il se cramponnait, vous vous trompez évidemment ; je ne vous ai jamais vu, et je n'habite point Marseille.

— Il faut bien que vous ne l'habitiez pas pour que je ne vous aie point rencontré... Si peu de temps que vous vous soyez trouvé avec moi, vous devez vous souvenir... Justin Robert, je suis Justin Robert, le fils de l'orfèvre fait prisonnier par les pirates et vendu à Tétouan... Un dimanche, sans doute vous étiez en voyage, puisque vous dites ne point demeurer ici, vous cherchiez un canot pour faire une promenade... J'étais-là, en vareuse, offrant mes services... le canot était prêt, comme à cette heure... vous avez même écrit quelques lignes sur une feuille de papier que je vous ai tendue... l'autre est restée dans le carnet... pendant que je ramais, vous me regardiez... vous avez vu combien mon cœur renfermait de chagrin, et vous avez sollicité ma confiance... Je vous ai tout dit... En me quittant vous me laissâtes quatre cents livres... la joie, l'étonnement me clouèrent à ma place... Je courus après vous.,, vous aviez disparu... c'était beaucoup, sans doute... et cependant vous ne vous êtes pas arrêté là.... J'aimais une fille pauvre, et profitant de notre usage, la vente des gâteaux bénits, vous l'avez dotée de deux mille livres... ah! j'ai reconnu la main mystérérieuse et prodigue... c'est vous que nous avons nommé en pleurant... à peine étions-nous revenus de cette surprise qu'on frappe à notre porte... le père est dans nos bras... le captif racheté par vous est rendu à notre tendresse... Il veut nous attribuer sa liberté; sa liberté, nous vous en rendons tout l'honneur; depuis ce jour, marié à celle que j'aime, entouré de soins et d'affections, quelqu'un me manquait encore, et mon bonheur restait incomplet... Vous! monsieur! toujours vous! aussi, à l'heure où je vous retrouve, où je baigne votre main de mes larmes, je sens que le Seigneur a tout fait pour moi.

— Jeune homme, répondit le vieillard, je vous l'ai dit, vous vous trompez... heureux celui qui répand un bienfait dans une famille comme la vôtre... je vous ai laissé achever un récit dramatique et touchant, permettez-moi maintenant de continuer ma route.

— Ah! cela est impossible! monsieur, impossible! Si la main gauche doit ignorer ce que fait la main droite, dans certains cas, ce serait une cruauté de se dérober à l'expression de la gratitude... Voyez, nous sommes tous là, demandant un mot, un signe, mon vieux père libre de ses fers, Fleur, ma femme... mon enfant qui vous tend les bras...

— Monsieur! s'écria le vieux Robert, je vous dois tout, et chaque jour je vous bénis! ne repoussez pas le vieillard que vous avez sauvé. Laissez parler votre cœur... la modestie de la vertu ne doit pas arrêter toute expansion... je vous en conjure, au nom des larmes de mon enfant, des jours, des nuits quil a passés à votre recherche.

Fleur s'avança tenant son fils dans ses bras.

Le petit ange mit ses deux mains sur ses lèvres et envoya cette caresse au stoïque promeneur.

Son visage demeurait calme; seulement un mouvement imperceptible des paupières trahissait son émotion. Une de ses mains cachée dans sa poitrine comprimait son cœur. Il souffrait évidemment, et de la contrainte qui lui était faite, et de celle qu'il s'imposait. A côté de lui l'intendant des galères souriait comme s'il était enchanté du bon tour que l'on jouait à son beau-frère.

Madame d'Héricourt passait sur ses yeux un mouchoir de dentelle et s'approchait lentement de Fleur suppliante.

— Ah! Charles! murmura Madame d'Héricourt à l'oreille de son frère, pourquoi te roidir contre la plus sainte et la plus légitime des joies?

Le promeneur fit un geste mécontent.

— Monsieur, dit-il à Justin d'une voix brève, j'ai apprécié votre premier mouvement tout en dissipant votre erreur... Si le hasard me fournissait le moyen de vous obliger, soyez-sûr que je le ferais avec bonheur... la scène qui vient de se passer ici me prouve que vous êtes à la fois un fils respectueux, un bon mari, un père tendre, un homme reconnaissant, ce qui est plus rare... Que vous retrouviez ou non l'inconnu que vous avez cru reconnaître en moi, Dieu qui entend vos prières pour lui les exaucera, soyez-en sûr...

Il fit alors un mouvement brusque pour se dégager des mains de Justin.

— Je ne vous quitte pas! s'écria celui-ci; vos dénégations ne seront comptées pour rien en présence de mes témoignages! vous êtes...

— Je vous ai doucement répondu, dit le frère de Madame d'Héricourt, votre insistance devient importune... je nie formellement vous avoir jamais rencontré... et maintenant, faites-moi place! je le veux, je l'exige.

— Un mot! un seul mot! pour ma femme, pour mon enfant.

La famille Robert agenouillée sur le port tendait vers ce majestueux vieillard des mains suppliantes.

Celui-ci prit le bras de l'intendant des galères.

Un moment après, il descendait dans la barque, et les rameurs s'étant brusquement inclinés sur leurs bancs, le canot prit le large.

— Charles, dit Madame d'Héricourt en se penchant à l'oreille de son frère, tu viens de te montrer cruel...

— Peux-tu-croire...

— As-tu oublié qu'il y a deux ans je t'ai vu écrire une lettre à Main ton banquier anglais à Cadix... Et puis, ne sais-je point tout ce que fait la main qui se cache et que je voudrais presser sur mes lèvres avec vénération.

Le promeneur leva sur Madame d'Héricourt un regard humide.

— Ah! dit-elle quelle bonne promenade nous eussions faite...

— Dans le canot de *l'Espérance !* oui, ma sœur... mais crois-moi, il est meilleur encore d'avoir un secret avec Dieu !

Et baissant la tête sur sa poitrine, le frère de Madame d'Héricourt s'absorba dans ses réflexions.

Pendant ce temps, Justin debout sur le port regardait fuir la barque de l'intendant.

Une grande foule attirée par la scène qui venait de se passer entoura le jeune homme.

On le regardait avec une curiosité bienveillante, affectueuse.

— Vous me croyez, vous, dit-il à ceux qui le regardaient... eh bien ! à défaut de son aveu donnez-moi une joie encore... apprenez-moi le nom de notre bienfaiteur.

Un grand vieillard se découvrit respectueusement, et dit à Justin:

— Il s'appelle CHARLES DE SECONDAT, *baron* DE LA BRÈVE *et de* MONTESQUIEU !

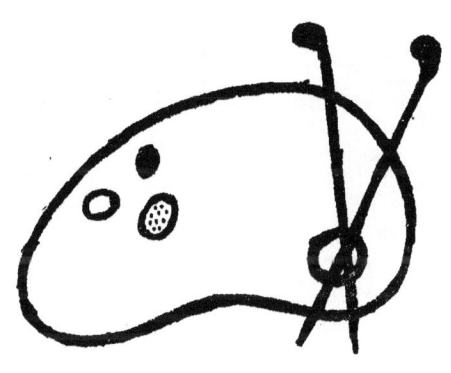

Original en couleur
NF Z 43-120-8

www.ingramcontent.com/pod-product-compliance
Lightning Source LLC
Chambersburg PA
CBHW071526160426
43196CB00010B/1670